Heike Willems

Erwacht aus dem Dornröschenschlaf

Heike Willems

Erwacht aus dem Dornröschenschlaf

Mein Weg aus der Depression
Tagebuchaufzeichnungen

edition fischer

Bibliografische Information der Deutschen Nationalbibliothek
Die Deutsche Nationalbibliothek verzeichnet diese Publikation in der Deutschen Nationalbibliografie; detaillierte bibliografische Daten sind im Internet über http://dnb.d-nb.de abrufbar.

Orber Str. 30, D-60386 Frankfurt/Main

Schriftart: Times
Herstellung: ef / NL
Printed in Germany
ISBN 978-3-89950-487-3

Für
meinen Mann
Günter
und unsere Kinder
Hannah und
Robin.
Danke für alles.

Kleine Wunder

Sei gut zu dir selber,
dann blühen dir
jeden Tag auf der
Blumenwiese des Lebens
ein paar kleine Wunder
und du kannst dir einen
großen Strauß Glück
pflücken.

J. Mariss
(www.jochenmariss.de)

Vorwort

Aus meinem Dornröschenschlaf bin ich nun endgültig erwacht. Ein hübscher junger Prinz hat mich zwar nicht wach geküsst, aber eine starke Depression hat mir die Grenzen meiner körperlichen Kräfte gezeigt und mich aus meinem krank machenden Alltag wach gerüttelt.
Es hat lange gedauert, bis ich mir meine Erkrankung eingestehen konnte. Ich wollte einfach nicht wahrhaben, dass mir so etwas passieren könnte. Ich, die täglich ihren Alltag mit Bravour gemeistert hat und sogar von sich selbst behaupten konnte, drei Dinge gleichzeitig erledigt zu bekommen: bügeln, einen Film im Fernsehen ansehen und mit einer Freundin telefonieren.

Ich bin auf einem Bauernhof mit zwei älteren Geschwistern aufgewachsen. Die tägliche Arbeit auf dem Bauernhof war für uns Kinder selbstverständlich. Wir sind in einem System aufgewachsen, das optimal funktionierte, wenn alle Familienmitglieder mithalfen. Von Kind an lernte ich zu funktionieren und einen Ehrgeiz zu entwickeln, der mir im Erwachsenenalter zu einem sorgenfreieren und besseren Leben verhelfen sollte.
Besonders in den letzten zehn Jahren meines Lebens habe ich einen Perfektionismus in meinem Beruf und in der Familie sowie Anerkennung in der Gesellschaft angestrebt. Familie, Haushalt und meine Arbeit in der Schule waren scheinbar für mich kein Problem, bis Anfang letzten Jahres eine Schwindelsymptomatik mein Leben verändert hat. Der tägliche Kampf gegen meinen Schwindel endete nach drei Monaten in einer starken Depression.

Obwohl ich nicht von einem hübschen jungen Prinzen wach geküsst worden bin, erwachte ich aus meinem Dornröschenschlaf und versuche nun mein Leben wieder in den Griff zu bekommen.

Montag, 7. Januar 2008

Heute Mittag hatte ich ein Gespräch über die Entwicklung unseres Sohnes Robin im Kindergarten. Bereits bei vorherigen Veranstaltungen des Kindergartens hatten mich die Erzieherinnen angesprochen und sich besorgt über Robins Verhalten in der Gruppe geäußert. Genaueres wollten sie mir jedoch in einem ausführlichen Gespräch zu einem späteren Zeitpunkt mitteilen, das heute dann stattgefunden hat. Obwohl Robin sich in den letzten Monaten positiv in die Gruppe integriert habe, seien einige ihrer Beobachtungen besorgniserregend. Bei einigen Anlässen habe Robin nicht reagiert, wenn er angesprochen wurde. Die Erzieherinnen äußerten ihre Vermutungen hinsichtlich der Ursache seines Verhaltens. Zum einen könne es eine Hörstörung sein, da er bereits früher an Paukenerguss gelitten habe, oder es könne eine Hörwahrnehmungsstörung im Zusammenhang mit dem Gehirn sein. Ich griff sofort die schlimmere Vermutung auf und malte mir in meiner Fantasie schon alle möglichen gravierenden Gehirnschäden aus. Bereits heute Nachmittag habe ich für Robin einen Termin bei der Kinderärztin vereinbart, den ich bereits diese Woche noch wahrnehmen kann. Es bereitet mir sehr großen Kummer, dass mit Robin etwas nicht stimmen könnte. Da er im Alter von zwei Jahren durch beidseitige Paukenergüsse an den Ohren über viele Monate kaum etwas gehört hat und in seiner Sprachentwicklung kaum Fortschritte zeigte, könnte heute eine mögliche Entwicklungsstörung in der Hörwahrnehmung bei ihm vorliegen. Aber jetzt müssen wir zunächst einmal abwarten, was die Kinderärztin feststellt und wie sie sich zu diesen Vermutungen äußert.

Donnerstag, 10. Januar 2008

Heute Morgen habe ich Robin der Kinderärztin vorgestellt. Nachdem sie ihn komplett durchgecheckt hatte, konnte sie zunächst nichts feststellen. Beim Hörtest hat er nicht mitgearbeitet, sodass dieser Test in einigen Monaten wiederholt werden muss. Als ich der Kinderärztin von dem Gespräch des Kindergartens berichtete, meinte sie, dass er an der Uniklinik in Mainz genauer untersucht werden müsste, um Störungen feststellen zu können. Heute Mittag habe ich sofort in der Uniklinik angerufen und einen Termin für in zwei Wochen vereinbart.
Da die Kinderärztin nichts feststellen konnte, bin ich zunächst einmal beruhigt. Alles Weitere wird sich dann in der Uniklinik zeigen.

Freitag, 11. Januar 2008

Als ich heute Morgen aufgewacht bin, hatte ich so starken Schwindel, dass ich mich wieder hinlegen musste. Alles um mich herum drehte sich und ich hatte das Gefühl, als ob mir der Boden unter den Füßen wegginge. Nach einem kurzen Durchschnaufen wagte ich einen zweiten Versuch und brachte es nur mit Mühe und Not fertig, unsere Tochter Hannah zu wecken und ihr das Frühstück zuzubereiten. Als sie sich zum Bus aufmachte, legte ich mich sofort wieder ins Bett. Gegen acht Uhr wachte dann Robin auf und kam zu mir ins Bett gekrochen. Ich konnte ihn dazu überreden, sich noch ein bisschen zu mir zu legen, weil es mir noch immer nicht viel besser ging. Da Robin jedoch einen Termin zur Logopädie hatte, stand ich schließlich auf und erledigte alles Notwendi-

ge. Im Wartezimmer der Logopädie versuchte ich meinen Schwindel zu minimieren, indem ich mehrmals tief ein- und ausatmete, doch das Einzige, was mir weiterhalf, war ruhiges Sitzen und den Kopf so wenig wie möglich zu bewegen. Nach der Logopädie brachte ich Robin in den Kindergarten und legte mich zu Hause wieder ins Bett.
Gegen Mittag wurde der Schwindel erträglicher und nun hoffe ich, dass es morgen besser ist.

Samstag, 12. Januar 2008

Nachdem heute Vormittag mein Schwindel immer noch so stark war, habe ich bei einem Heilpraktiker angerufen. Er ist sehr freundlich und hat auch am Wochenende meist Zeit für mich. Bei früheren Blockaden an der Wirbelsäule habe ich ihn auch schon sonntags aufgesucht. Zum Glück konnte ich wenig später vorbeischauen. Er hat mir sämtliche Blockaden gelöst und meinte, dass die Ursache meines Schwindels mit den Blockaden an der Halswirbelsäule zusammenhängen könnte. Voller Hoffnung auf eine Besserung bin ich nach Hause gefahren.

Montag, 14. Januar 2008

Mein Schwindel ist nach wie vor gleich stark. So bin ich heute Morgen zu meiner Hausärztin und habe ihr von meinen Beschwerden erzählt. Zuerst hat sie meine Halswirbelsäule abgetastet und dann Unregelmäßigkeiten an meinem Schlüsselbein festgestellt. Verspannungen im gesamten Nackenbereich hat sie

zudem diagnostiziert. Darüber hinaus hat sie neurologische Tests durchgeführt, die ohne Befund ausfielen. Da auch der Blutdruck in Ordnung war, hat sie mir Krankengymnastik verordnet und eine gute Besserung gewünscht.
Nachmittags hatte ich bereits meine erste Krankengymnastik. Der Physiotherapeut meinte, dass mein Schwindel seine Ursache in den starken Verspannungen der Nackenmuskulatur haben könnte. Er meinte auch, dass dieser Schwindel bis zu einem Jahr anhalten könnte. Na klasse, hoffentlich behält er nicht recht! Denn ich weiß nicht, wie ich das so lange ertragen kann.
Zum Aufbau und zur Stabilisierung meiner gesamten Muskulatur empfahl er mir regelmäßiges Training im Fitnessstudio. Vor lauter Verzweiflung nahm ich mir sofort nach der osteopathischen Behandlung einen Termin zum Probetraining. Zu was man sich nicht alles durchringt, wenn es einem nicht gut geht!

Freitag, 25. Januar 2008

Heute Morgen hatte ich Probetraining im Fitness-Studio. Eine Physiotherapeutin hat mich in die Handhabung der verschiedenen Geräte eingewiesen und die Gewichte individuell auf meinen Trainingszustand eingestellt. Nach fünfzigminütigem Training war ich kräftemäßig am Ende und froh, diesen »Folterort« verlassen zu dürfen. Trotzdem habe ich mich für einen Vertrag entschieden, da ich unbedingt etwas für meine Fitness tun muss. Ich hatte in den letzten Jahren ständig Rückenprobleme und Blockaden an der Wirbelsäule. Da die Kinder jetzt aus dem Gröbsten raus sind, muss ich mir meine Zeit so einteilen, dass ich mindestens zwei- bis dreimal in der Woche zum Training gehen kann.

Sonntag, 27. Januar 2008

Heute feierten wir Kinderkarneval in unserem Dorf. Pünktlich um 15.11 Uhr begann die Sitzung. Hannah und Robin waren auch mit mehreren Auftritten dabei. Robin hat sich als Schäfchen verkleidet und mit seiner »Zwergengruppe« einen kleinen Tanz vorgeführt. Mit Watteohren auf seinem Kopf und einem Fell um Schulter und Bauch sah er so richtig süß aus. Hannah hat mit ihrer Gruppe sowohl einen kleinen Paartanz als auch einen Sketch vorgeführt. Da ich die Gruppe leite, hatte ich die Verantwortung für diese Auftritte. Es lief zwar alles glatt, aber mein ständiger Schwindel hat mir so manchen Nerv gekostet. Ich habe immer wieder versucht, ihn zu ignorieren, aber bei schnellen Drehungen mit dem Kopf oder wenn ich in die Hocke ging, musste ich mich sehr anstrengen, um das Gleichgewicht zu halten. Wie lange wird der Schwindel noch anhalten? Hoffentlich geht er irgendwann wieder weg!

Montag, 28. Januar 2008

Heute waren wir mit Robin in der Uniklinik Mainz. Ich war froh, dass mein Mann Günter sich einen Tag Urlaub genommen hat, damit ich mich in Mainz und im Klinikgelände nicht allein zurechtfinden musste. Zudem bin ich durch meinen ständig auftretenden Schwindel in meiner Konzentrations- und Denkfähigkeit sehr stark eingeschränkt. Als wir die HNO-Abteilung für Kinder endlich gefunden hatten, mussten wir noch einige Zeit im Wartezimmer verweilen, bis die einzelnen Untersuchungen vorgenommen wurden. Robin wurde mehreren Tests unterzogen.

Nach den Untersuchungen führten wir ein Gespräch mit der Ärztin, die uns die einzelnen Ergebnisse erklärte sowie Robin organisch untersuchte. Bei den Untersuchungen wurde festgestellt, dass er einseitig an einem Paukenerguss leidet und somit sein Hörvermögen eingeschränkt ist. Seine Sprachentwicklung befindet sich im Bereich eines dreijährigen Kindes; also liegt er in diesem Bereich ein Jahr in seiner Sprachentwicklung zurück. Ansonsten lag er bei den anderen Tests im Normbereich. Der Paukenerguss wird vorerst nicht operiert, sondern zunächst konservativ behandelt, d.h., er muss mehrmals täglich einen speziellen Luftballon mit je einer Nasenseite aufblasen, um den Ohrinnendruck zu regulieren. Mir ist ein Stein vom Herzen gefallen, als ich hörte, dass Robin bis auf den Paukenerguss völlig gesund ist. Die Verzögerung seiner Sprachentwicklung wird sich voraussichtlich in den nächsten Jahren regulieren. Mein Schwindel hielt sich während all dieser Untersuchungen im erträglichen Bereich.

Dienstag, 29. Januar 2008

Heute hat es den ganzen Tag geschneit. Als ich während der Pausenaufsicht durch den Schnee über den Schulhof ging, wurde mir immer schwindeliger. Anschließend konnte ich im Unterricht nur mit großer Mühe den Text auf einem Arbeitsblatt vorlesen. Zwischendurch habe ich mich immer wieder hingesetzt, um ein wenig zur Ruhe zu finden. Nach dem Unterricht haben wir im Kollegium noch für die Abschiedsfeier einer pensionierten Kollegin einige selbst gedichtete Lieder eingeübt. Zudem habe ich für die Feier heute Vormittag mit der ehemaligen Klasse meiner Kollegin einen Sketch und zwei Lieder einstudiert. Die Kinder waren sofort Feuer und Flamme und haben in den letzten Wochen mit Eifer ihre Texte auswendig gelernt. Ich hoffe, dass die Abschiedsfeier meiner Kollegin ihr in guter Erinnerung bleibt und ich trotz meines Schwindels die Vorführungen organisiert bekomme.

Freitag, 1. Februar 2008

Gestern war Weiberfastnacht. Nach der Schule sind wir mit den Frauen aus unserem Dorf verkleidet von Haus zu Haus gezogen, haben hier und dort einen Schnaps getrunken und Geld für die Möhnenkasse gesammelt. Unterwegs haben wir die Autos angehalten, den Herren die Schuhe geputzt und uns dafür eine kleine Spende geben lassen. Manche Autofahrer waren so verärgert, dass sie mit Vollgas an unserer Gruppe vorbeigerast sind. Ich glaube, ohne einen gewissen Alkoholspiegel hätte ich den Nachmittag nicht ertragen. Als der Schwindel zwischendurch schlimmer wurde, konnte ich mir zumindest einreden, dass es die Folge des Alkoholkonsums war. In meinem Inneren wusste ich jedoch, dass der Schwindel nicht durch den Alkohol verursacht wurde und seit fast drei Wochen zu meinem ständigen Begleiter geworden ist. Am späten Nachmittag sind wir dann in die Dorfgaststätte eingekehrt, wo es Kaffee und Kuchen sowie belegte Brötchen gab. Zum Abendessen konnten wir uns am Büfett bedienen. Bis Mitternacht haben die verschiedenen Gruppen des Dorfes Tänze, Sketche und Büttenreden zum Besten gegeben. Als wir unseren Sketch vorspielten, konnte ich mich gar nicht auf meinen Text konzentrieren. Ich war kaum fähig, die vier kurzen Sätze zum richtigen Zeitpunkt vorzulesen. Weil der Schwindel und die zudem noch auftretenden

Kopfschmerzen immer schlimmer wurden, war es mir kaum möglich, die Auftritte zu verfolgen. Nach dem letzten Vortrag bin ich sofort nach Hause gegangen und habe mich ins Bett gelegt. Nach einigen Stunden wurden der Schwindel und meine Kopfschmerzen etwas erträglicher. So einen Tag möchte ich so schnell nicht wieder erleben!

Heute Abend findet die Abschiedsfeier von meiner Arbeitskollegin statt. Hoffentlich werde ich mit meinem Schwindel dort zurechtkommen.

Samstag, 2. Februar 2008

Als ich mich gestern Abend für die Feier zurechtmachen wollte, haben mir keine meiner etwas schickeren Hosen gepasst. Sie hingen alle wie ein Sack an mir herunter. Mir war bis dahin gar nicht bewusst, dass ich so viele Kilogramm abgenommen hatte. Da ich mich schon lange nicht mehr auf eine Waage gestellt habe, kann ich gar nicht sagen, seit wann ich mit dem Abnehmen begonnen hatte. Ich entschied mich für eine braune Hose, die ich mit einem Gürtel zum Halten brachte. Eine etwas längere Bluse sollte den unschönen Anblick kaschieren. Warum habe ich mich nicht wenigstens einige Stunden früher um meine Kleidung gekümmert? Dann hätte ich mir eine neue Hose kaufen können. Aber da mich Kleidung noch nie so besonders interessiert hat, muss ich jetzt auch mit den Konsequenzen leben.
Beim Anblick der vielen eingeladenen Gäste im Restaurant, es waren über hundert Menschen, dazu kamen noch die Kinder der ehemaligen Schulklasse und deren Eltern, war ich ganz schön

schockiert. Als ich mir einige Zeit später vorstellte, mit den Schulkindern aufzutreten und mit dem Lehrerkollegium zwei Lieder zu singen, erlebte ich meine erste Panikattacke. Zuerst begriff ich nicht, was mit mir los war. Ich konnte mich kaum auf den Beinen halten und mir wurde schlecht. Das Abendessen stand vor mir, aber ich würdigte es keines Blickes. Ich bekam einfach keinen Bissen herunter. Der Kollege rechts neben mir sah mich nur erstaunt über seine Brille hinweg an, traute sich jedoch nicht mich anzusprechen. Mein Schulleiter, der mir schräg gegenüber saß, schaute mich auch überrascht an. Nach dem Hauptgang erbarmte sich meine Kollegin und Freundin Tanja und begleitete mich in einen Nebenraum. Allmählich regenerierte ich mich und mein Zustand stabilisierte sich, sodass ich wieder an der Feier teilnehmen konnte. Der weitere Abend verlief sehr positiv. Die Auftritte mit den Schülern und dem Lehrerkollegium verliefen ohne Zwischenfälle und später unterhielt ich mich noch mit einigen Bekannten. Bis auf meine Panikattacke habe ich einen netten Abend erlebt.

Mittwoch, 6. Februar 2008, Aschermittwoch

Die Faschingstage haben wir alle heil überstanden, ohne an einer Magen-Darm-Grippe oder Erkältung zu erkranken.
In der Schule ist auch wieder der Alltag eingekehrt. Durch meinen ständigen Schwindel muss ich mich im Unterricht verstärkt konzentrieren, um nicht aus dem Konzept zu kommen. Außerdem fällt es mir schwer, die Kinder alle im Blick zu behalten. Mein Schwindel kehrt jeden Morgen, wenn ich aus dem Bett aufstehe, zurück. Erst abends, wenn ich mich hinlege, bekomme ich Ruhe,

weil dann der Schwindel aufhört. Ich weiß nicht, wie ich das noch lange aushalten soll! Wenn mein Physiotherapeut recht behält, können noch viele Monate ins Land gehen, bis ich wieder schwindelfrei bin. Bis dahin muss ich wohl durchhalten.

Dienstag, 12. Februar 2008

Gestern war ich wieder bei meiner Hausärztin. Sie hat mir wiederholt den Blutdruck gemessen, die Schilddrüse abgetastet, sich noch einmal die Wirbelsäule angeschaut und zum Schluss Blut abgenommen. Durch den Bluttest lassen sich einige Ursachen für meine anhaltenden Symptome ausschließen. Jetzt muss ich die Blutwerte abwarten.
Regelmäßig besuche ich das Fitness-Studio. Wenn es mir möglich ist, versuche ich dreimal in der Woche dort hinzugehen. Das Training ist zwar sehr zeitintensiv, aber hoffentlich bringt es mir die gewünschten Erfolge. Mittlerweile macht es mir auch Spaß. Die Leute, die dort trainieren, sind sehr freundlich und wenn es mir langweilig wird, kann ich mir während des Trainings einen Film anschauen oder Musik hören. Über das Fernsehprogramm muss man sich nur einigen. Da ich aber ausschließlich vormittags das Studio aufsuche, sind nur ein paar Hausfrauen und Rentner da. Manchmal bin ich sogar alleine. Ich finde es angenehmer, wenn nur wenige Leute trainieren und die meisten Geräte frei sind.
Heute Nachmittag habe ich wieder die Kinderturngruppe von Robin geleitet. Meistens kommen zehn bis dreizehn Kinder im Alter von drei bis sechs Jahren zum Turnen. Mir ist es sehr wichtig, dass eine gewisse Disziplin während des Turnens herrscht. Die Kinder müssen sich an die gemeinsamen Regeln halten.

Schwierig ist es bei meinem eigenen Kind. Wenn ihm eine Laus über die Leber gelaufen ist, meint er, ständig seinen Willen durchsetzen und der Erste bei jedem Spiel sein zu müssen. Das hat mich in der Vergangenheit schon manche Nerven gekostet. Dieses einstündige Kinderturnen empfinde ich anstrengender als einen Vormittag in der Schule. Da ich jedoch im letzten Jahr eine Ausbildung als Übungsleiterin gemacht habe, fühle ich mich verpflichtet, die Turngruppe noch über einen längeren Zeitraum weiter zu leiten, mindestens jedoch so lange, wie Robin diese Gruppe besuchen kann. Das wären dann noch knapp zwei Jahre.

Freitag, 15. Februar 2008

Vorhin habe ich mit meiner Hausärztin telefoniert. Sie hat mir die Ergebnisse des Bluttests mitgeteilt. Meine Blutwerte sind alle völlig unauffällig. Daraus lässt sich nicht die Ursache für meinen Schwindel erklären, sondern nur verschiedene Krankheitsursachen ausschließen. Nach dem Gespräch habe ich mir Termine beim HNO-Arzt und einem Neurologen genommen. Die Wartezeit beim HNO-Arzt beträgt zwei Wochen, beim Neurologen muss ich fast drei Monate warten. Ich habe mir sagen lassen, dass das bei allen Neurologen in unserer Umgebung zurzeit so wäre. Meine Privatkrankenversicherung bringt mir hier keine Vorteile. Bis jetzt habe ich keinen Unterschied zu den Kassenpatienten gemerkt. Da ich selbst mehrere Jahre als Angestellte kassenärztlich versichert war, kann ich einen Vergleich herstellen. Die Wartezeiten muss ich genauso einhalten wie jeder andere auch. Ich möchte mich auch gar nicht vordrängeln, sondern nur damit zum Ausdruck bringen, dass ich noch keine Unterschiede gemerkt habe.

Freitag, 29. Februar 2008

Gestern hatte ich einen Termin beim HNO-Arzt. Er hat mich untersucht, konnte jedoch nichts Auffälliges bei mir feststellen. Da ich ihn auf mögliche Blockaden an meiner HWS aufmerksam gemacht habe, hat er einen speziellen Griff angewendet, meinen Kopf leicht zur Seite gedreht und gezogen. So ungefähr hat es sich zumindest angefühlt. Er meinte, spätestens morgen dürfte es besser sein, falls hier die Ursache gelegen habe. Doch heute ist es genauso schlimm wie die letzten Wochen. Ich bin ziemlich verzweifelt und weiß nicht mehr, welchen Arzt ich sonst noch aufsuchen könnte.

Dienstag, 11. März 2008

Heute Mittag haben die Osterferien begonnen. Er ist das erste Mal, dass ich mich nicht auf die Ferien freue. Mir wäre es lieber, wenn alles so weiterlaufen würde wie bisher. Dann könnte ich regelmäßig das Fitness-Studio aufsuchen, ohne auf die Kinder Rücksicht nehmen zu müssen. Außerdem ist es für mich keine Erholung, da ich dann die Kinder den ganzen Tag um mich herum habe und den Haushalt organisieren muss. Ich habe das Gefühl, dass mir alles über den Kopf wächst. Ich habe einfach keine Kraft mehr, um ständig zu kämpfen. Was wäre ich glücklich, noch einmal schmerz- und beschwerdefrei zu sein. Ich kann es mir schon gar nicht mehr vorstellen. Entweder plagen mich Rückenschmerzen, mal an der Halswirbelsäule, im Brustwirbel- oder Lendenwirbelbereich, oder ich habe Kopfschmerzen. Meine Bauchschmerzen von der Endometriose haben sich gebessert, seit ein

Gynäkologe mir empfohlen hat, das Hormonpräparat ununterbrochen, ohne eine einwöchige Pause, einzunehmen. Zum Glück haben sich diese Schmerzen auf ein Minimum reduziert. Meistens sind sie sogar ganz verschwunden.

Montag, 24. März 2008, Ostermontag

Gestern haben wir das Osterfest bei meiner Schwester gefeiert. Sie hat die ganze Familie, also unsere Eltern, unsere Schwester mit ihrer Familie und uns, zu sich eingeladen. Bei Kaffee und Kuchen war es für uns ein gemütlicher Nachmittag. Es ist doch schön, wenn ich nicht für das Essen zuständig bin und mich bedienen lassen kann. Ich genieße es in vollen Zügen. Auch die Kinder haben ohne Streitereien zusammen gespielt, wenn man bedenkt, dass sich auf engstem Raum sieben Kinder im Alter von zwei bis zehn Jahren aufgehalten haben.

Heute waren wir bei meinen Schwiegereltern auf der Kirmes. Anlässlich der Kirmes findet jährlich eine Pferdesegnung statt, zu der sich aus dem ganzen Umkreis Besitzer von Pferden mit ihren Tieren und sehr viele Schaulustige zusammenfinden. Es ist eine gute Gelegenheit, Bekannte, die man seit Jahren nicht mehr gesehen hat, zu treffen. Tatsächlich habe ich mehrere alte Bekannte getroffen. Wir haben uns bei dieser Gelegenheit so manche Neuigkeit erzählt. Es war richtig nett, auch wenn die Kinder nach einer Limo wieder zu Oma und Opa zurückgehen wollten. Den Nachmittag haben wir dann mit Günters Familie verbracht.

Donnerstag, 27. März 2008

Die Ferien gehen allmählich zu Ende und ich habe das Gefühl, dass ich mich zumindest ein bisschen erholt habe. Mittags habe ich mich häufiger ausgeruht. Da Günter sich über die Feiertage Urlaub genommen hat, ging es bei uns zu Hause etwas ruhiger zu. Hannah hat in dieser Zeit viele Freundinnen zu sich eingeladen, ist aber auch zu ihnen spielen gegangen. Robin war die meiste Zeit zu Hause. Sein gleichaltriger Vetter, der in der Nachbarschaft wohnt, ist regelmäßig zu ihm spielen gekommen, da Robin lieber bei uns zu Hause spielt.

Sonntag, 6. April 2008

Obwohl wir heute Sonntag haben, war es ein ziemlich anstrengender Tag für mich. Nachdem ich heute Vormittag schon im Fitness-Studio war, mich zu Hause dann um die Wäsche gekümmert, etwas zu Mittag gekocht und dann noch einen Kuchen für die Kommunion des Nachbarkindes fertig zubereitet habe, bin ich völlig ausgepowert zum Kommunionskaffee des Nachbarkindes gegangen. An der Theke des Restaurants haben sich die Nachbarsfrauen getroffen und zur Einstimmung ein Getränk zu sich genommen. Als ich mich dazugesellte, konnte ich meinen Schwindel kaum noch kontrollieren. Mir ging es so schlecht, dass ich mir überlegte, wieder nach Hause zu gehen. Doch was sollten dann die Frauen und die Kommunionsgesellschaft von mir denken! Als wir uns an die Tische setzten, habe ich mich allmählich wieder stabilisiert. Ich unterhielt mich noch angeregt mit verschiedenen Bekannten und konnte auch ein Stück Kuchen essen. Als wir uns später von den Gastgebern verabschiedeten, drehte sich bei mir plötzlich alles im Kreis. Ich kam mir vor wie auf einem Karussell, nur dass ich jetzt in einem Restaurant stand und ein Gespräch zu führen hatte. Irgendwie habe ich das auch geschafft und mich anschließend nach Hause geschleppt. Nun liege ich hier im Bett und hoffe, dass es mir morgen wieder besser geht. Wahrscheinlich habe ich zu viel auf einmal bewältigen wollen und meinem Körper hat die Kraft gefehlt.

Montag, 7. April 2008

Heute Morgen musste ich eine Kollegin in der Schule vertreten. Obwohl mein Schwindel und die morgendliche Übelkeit heute stärker waren, bin ich pflichtgemäß zur Schule gefahren. Der Vormittag war ein einziger Albtraum. Ich habe mich von Unterrichtsstunde zu Unterrichtsstunde geschleppt und war heilfroh, als ich mich endlich zu Hause auf die Couch legen konnte. Doch auch da fand ich keine Ruhe. Mir war es nur noch schlecht, auch wenn ich mich nicht übergeben musste. Von einer inneren Unruhe angetrieben, bin ich im Wohnzimmer auf und ab gewandert. Die Beschäftigung mit meinen Kindern am Nachmittag hat mich zwar etwas von mir selbst abgelenkt, aber ich fühlte mich einfach nur noch völlig erledigt und ausgebrannt.
Nun ist es Abend, der Tag ist geschafft, die Kinder liegen im Bett. Ein Horrortag ist vorüber. Jetzt kann ich mich auch ins Bett legen und hoffe, dass ich in der Nacht endlich Ruhe finde.

Dienstag, 8. April 2008

Die morgendliche Übelkeit war wieder da. Ich bin im Wohnzimmer auf und ab gelaufen und wusste nicht, ob ich in die Schule fahren sollte. Doch da ich eine pflichtbewusste Powerfrau bin, versuchte ich mein ganzes Elend zu ignorieren und fuhr dorthin. Völlig fertig saß ich im Lehrerzimmer auf einem Stuhl, als meine Kollegin und Freundin Tanja hereinkam und mich so vorfand. Erschrocken fragte sie mich, was mit mir los sei. Ich bekam keinen Ton heraus, mir liefen nur noch die Tränen über mein Gesicht. Tanja nahm mich in die Arme und meinte, ich solle mich krankmelden und bei meinem Hausarzt vorbeischauen. Noch von der Schule aus rief ich bei meiner Hausärztin an, wo ich auch wenig später vorbeischauen konnte.

Morgens, 10.30 Uhr

Bei meiner Hausärztin fand ich ein überfülltes Wartezimmer vor. Während ich wartete, war ich unfähig, einen klaren Gedanken zu fassen, geschweige denn in einer Zeitschrift zu blättern. Ich konnte nur den Boden anstarren. Als ich dann meine Hausärztin sprechen konnte, erzählte ich ihr von meinen neuen Beschwerden. Zunächst vermutete sie, dass es ein Virusinfekt sein könnte, jedoch war sie sich nicht sicher, ob nicht auch eine andere Ursache zugrunde liegen könnte. Nach einigen Untersuchungen durfte ich mit einer Krankmeldung nach Hause fahren und nun muss ich zunächst einmal abwarten, wie sich der weitere Krankheitsverlauf abzeichnet.

Zu Hause schießen mir tausend Gedanken durch den Kopf. Wie soll es daheim weitergehen, wenn ich mich ständig so schlapp fühle? Meine Kinder, Hannah, 6 Jahre, und Robin, 4 Jahre, brauchen mich doch! Was wäre, wenn ich sterben würde? Schon laufen mir wieder die Tränen über mein Gesicht; vor lauter Mitleid mit mir selbst und den Kummer um meine Familie. Zur Beruhigung lege ich Meditationsmusik auf, während ich es mir mit meiner Kuscheldecke auf der Couch gemütlich mache. Ich lausche der Musik und versuche meine innere Ruhe wiederzufinden. Ich kann mich ganz meiner Niedergeschlagenheit überlassen und weine ein ganzes Päckchen Tempos voll. Der ganze Tisch ist übersät mit nassen Papiertüchern. Eigentlich weiß ich gar nicht, was mir mein Leben so schwer macht. Es steckt in mir drin; ich bin gefangen in mir selbst. Ich fühle mich, als ob ich in einem tiefen schwarzen Loch sitze ohne Aussicht auf Besserung.

Abends, 18.30 Uhr

Irgendwie habe ich etwas zu Mittag für meinen Mann und die Kinder gekocht. Mein Appetit hielt sich in Grenzen, besser gesagt, ich habe nur ein paar Bissen runtergewürgt.

Dann führte ich noch ein paar Telefonate. Zuerst habe ich mich bei meinem Schulleiter für die nächsten zwei Wochen krankgemeldet. Dann habe ich bei der ADD angefragt, ob es noch möglich wäre, meine Stundenanzahl für das kommende Schuljahr zu reduzieren. Zum Glück habe ich eine positive Rückmeldung bekommen, sodass ich mich zunächst einmal beruhigt zurücklehnen kann. Tanja und Sandra, zwei Freundinnen von mir, haben noch angerufen. Völlig ausgelaugt von den Telefonaten habe ich mich auf meine Couch zurückgezogen. Das pulsierende Leben um mich herum habe ich kaum wahrgenommen. Die Kinder haben meist draußen im Garten gespielt; ich habe vor mich hin gedöst und ständig mit meiner Übelkeit gekämpft. Die von der Ärztin verordneten Tropfen gegen Übelkeit helfen mir nicht. Ich spüre keinerlei Veränderung in der Intensität meiner Übelkeit.

Mittwoch, 9. April 2008

Morgens, 9.30 Uhr

Letzte Nacht habe ich gut geschlafen. Als Robin heute Morgen zu mir ins Bett gekrabbelt kam, musste ich notgedrungen meine Augen öffnen. Wenige Sekunden später war die Übelkeit wieder da. Am liebsten hätte ich mir die Bettdecke über den Kopf gezogen und den Tag an mir vorbeiziehen lassen. Doch die Kinder mussten für die Schule und den Kindergarten fertig gemacht werden. Irgendwie habe ich das auch geschafft, aber ich selbst habe wieder nichts essen können.

Jetzt liege ich auf meiner alles geliebten Couch, die für mich zu einem Zufluchtsort geworden ist. Jedoch Ruhe finde ich keine. Die Übelkeit ist so stark, dass ich mich am liebsten übergeben würde. Doch mein Magen ist leer. Tausend Gedanken schießen mir durch den Kopf: Was ist mit meinem Körper los? Was für eine schlimme Krankheit habe ich nur? Was ist, wenn ich so schlimm krank werde, dass ich bald sterben muss? Schon wieder laufen mir die Tränen über mein Gesicht. Hannah und Robin brauchen mich doch noch! Lieber Gott, lass mich bitte noch so lange leben, bis die Kinder groß sind. Je länger ich mich in meinem eigenen Elend suhle, umso mehr habe ich das Gefühl, in ein noch tieferes Loch zu fallen. Ich fühle mich völlig hilflos. Mein Körper hat keine Kraft mehr.

Nachmittags, 15.00 Uhr

Ich habe noch kurzfristig einen Termin bei meinem Gynäkologen bekommen. Zu meinen beschriebenen Symptomen meinte er, dass sie nicht hormonell bedingt sein könnten, da ich das Hormonpräparat schon über eine längere Zeit einnehmen würde und es dadurch nicht zu Hormonschwankungen kommen könnte. Er erzählte mir von seiner Frau, die aufgrund von Verspannungen im Nackenbereich auch an Schwindel gelitten habe. Das könnte auch bei mir zutreffen. Also brachte mir auch dieser Arztbesucht keinen Befund für meinen jetzigen Zustand.

Anschließend bin ich noch einmal zum HNO-Arzt gegangen. Da es mir auch während des Aufnahmegespräches ziemlich schlecht ging, hat eine Arzthelferin mir sofort eine Liege und ein Glas Wasser angeboten. Das Glas Wasser habe ich gerne entgegengenommen, doch von der Liege wollte ich nichts wissen. Es ist schon erschreckend, dass man mir mein ganzes Elend so ansieht. Der HNO-Arzt hat noch einige osteopathische Griffe an meiner HWS und im oberen Brustbereich angewendet. Dann habe ich mich wieder nach Hause auf meine Couch geschleppt. Wie kann man sich nur so elend fühlen und kein Arzt findet eine plausible Erklärung dafür? Warum ist die medizinische Entwicklung noch nicht so weit, dass sie eine Erklärung für meine Symptome und somit eine Behandlungsmöglichkeit findet? Fragen, Fragen und nochmals Fragen spuken mir durch den Kopf, ohne eine einzige Antwort zu finden.

Donnerstag, 10. April 2008

Heute ist der vierte Tag, an dem es mir extrem schlecht geht. Am Vormittag bin ich wieder zu meiner Hausärztin gegangen. Sie hat mich nochmals untersucht und mir erzählt, dass das Blutergebnis auf keinen Infekt hinweise. Dann hat sie mich zum Herzspezialisten, den ich sofort aufsuchen konnte, überwiesen. Der Kardiologe kennt mich schon, seit ich ein Kind war. Damals war er noch mein Hausarzt, bevor er sich ganz auf sein Spezialgebiet konzentriert hat. Er hat mich ganz liebevoll begrüßt mit den Worten: »Hier sitzt ja eine große Sängerin und Lehrerin vor uns!« Vor einigen Jahren hatte ich mal mit ihm zusammen im Chor gesungen. Bei der Herzuntersuchung kam nichts heraus. Alles gesund. Ich sei nur etwas dünn, meinte er. Von meinen 70 kg bin ich mittlerweile auf 62 kg runter. Für meine Körpergröße von 1,72 m habe ich nun schon das Idealgewicht erreicht. Eigentlich ein Traumgewicht, wenn ich nicht so elend aussehen würde. Leider ist auch mein Busen von der Gewichtsreduktion stark betroffen. Sogar Körbchengröße A ist mir meistens noch zu groß. Im Anschluss an die Untersuchung erzählte mir der Kardiologe, dass er schon viele Frauen wie mich gesehen hätte, denen es ähnlich ergangen sei. Ich sollte mal darüber nachdenken, ob meine Beschwerden nicht einen psychosomatischen Ursprung hätten. Dann gab er mir noch den Rat, dass ich mich abends mit einem Glas Wein zusammen mit meinen Mann hinsetzen solle, um über Veränderungen in unserem Leben nachzudenken.

Um alle Eventualitäten für die Ursache meiner Erkrankung auszuschließen, vereinbarte meine Hausärztin einen CT-Termin im Krankenhaus und veranlasste, dass dort mein Blut noch einmal untersucht werden sollte. Ich fand es ganz rührend, dass sie sich so viele Sorgen um mich machte. Obwohl sie normalerweise seit einer Stunde ihren Dienst beendet gehabt hätte, blieb sie, bis alles abgeklärt war. Dieses Engagement finde ich einfach nur klasse. Außerdem fühle ich mich bei ihr gut aufgehoben. Für nachmittags hatte ich dann den Termin zum CT im Krankenhaus. Als ich im Warteraum auf meine Untersuchung wartete, kam eine liebe Bekannte vorbei. Ich erzählte ihr von den vergangenen Tagen und schon wieder liefen mir die Tränen übers Gesicht. Sie nahm mich tröstend in die Arme. Auch das CT war ohne Befund. Eigentlich sollte ich mich jetzt freuen, aber mir war nur schlecht und ich fühlte mich total schlapp. Als ich nach Hause kam, fand ich im Briefkasten eine Tafel Schokolade mit dem Aufdruck »Gute Besserung« und einer kurzen Nachricht von meiner Bekannten vor. So eine liebe Geste hatte ich nicht erwartet.

Am späten Nachmittag kam dann die entscheidende Wende. Meine Freundin Tanja rief mich an. Sie äußerte die Vermutung, dass all meine Beschwerden psychosomatisch seien und ich mit Sicherheit an einer Depression leide. Da sie vor Jahren selbst an einer Depression erkrankt war, schenkte ich ihrer Vermutung Vertrauen. Was blieb mir auch anderes übrig, als mich einer psychischen Erkrankung zu stellen. Nach diesem Telefongespräch fiel die ganze Last der nicht beantworteten Fragen von meinen Schultern. Da fast alle organischen Ursachen durch entsprechende Untersuchungen ausgeschlossen waren, konnte ich mich dieser Diagnose stellen. Endlich hatte ich eine Erklärung für meinen unerträglichen Zustand. Und an einer Depression muss man auch nicht sterben! Ich kann weiterhin für meine Kinder da sein. Nur muss ich erst einmal wieder gesund werden.

Freitag, 11. April 2008

Wenn ich jetzt darüber nachdenke, warum ich nicht schon früher eine depressive Erkrankung in Erwägung gezogen habe, muss ich bekennen, dass ich es immer für mich verneint habe. Im Laufe der letzten Monate bin ich wiederholt von verschiedenen Ärzten darauf angesprochen worden, ob ich nicht psychische Probleme hätte. Ein Orthopäde wies mich sogar darauf hin, dass 80 % aller Rückenbeschwerden einen psychischen Ursprung hätten. Ich hätte so ein Flackern in den Augen, wenn er auf meine Psyche zu sprechen käme, meinte er. Er schlug mir vor, zum Yoga zu gehen, wo ich Entspannung finden könnte. Damals bin ich völlig aufgelöst aus der Praxis gekommen und war innerlich tief betroffen. Mein Empören teilte ich dann auch am anderen Tag Tanja mit. Doch jetzt muss ich sagen, dass er mit seiner Ansicht doch recht behalten hat. Auch letzten Dienstag hat mich meine Hausärztin gefragt, ob ich vielleicht in der letzten Zeit zu viel Stress gehabt hätte. Nicht mehr Stress als jede berufstätige Mutter in meinem Bekanntenkreis auch, so lautete meine Antwort. Ich konnte und wollte mir nicht eingestehen, dass ich mein Leben nicht im Griff habe. Jetzt weiß ich, dass ich dringend etwas in meinem Leben ändern muss. Meine Unterrichtsstunden habe ich bereits reduziert, sodass ich auch nach den Sommerferien voraussichtlich nur an zwei Tagen arbeiten muss.

Aber auch zu Hause muss sich einiges ändern. Als Erstes werde ich die Kinder meiner Schwester mittags nicht mehr beköstigen. Damit das möglich ist, werden wir erst zu Mittag essen, wenn meine Schwester von der Arbeit zurück ist. Das bringt ein großes Stück Entspannung in unser gemeinsames Mittagessen. Auch muss ich meine Kinderturngruppe, die ich jetzt seit einem halben

Jahr leite, abgeben. Sie hat mir sehr viel Kraft gekostet, vor allem da mein Sohn Robin mit in der Gruppe ist. Wir hatten einige Auseinandersetzungen miteinander, da er meinte, er habe aufgrund seiner Stellung gegenüber den anderen Kindern Vorrechte. Das ging sogar so weit, dass ich ihm gedroht habe, wenn er sich nicht an die vereinbarten Regeln halte, dass er von meiner Schwester oder von seiner Oma abgeholt werden würde. So weit kam es zum Glück nie.

Montag, 14. April 2008

Morgens, 9.00 Uhr

Mittlerweile geht es mir ein bisschen besser. Meine morgendliche Übelkeit ist immer noch da, doch tagsüber bin ich nicht mehr ganz so schlapp. Das Wochenende habe ich in Ruhe verbracht. Zwischendurch habe ich mich zurückgezogen und ein Buch gelesen. Heute Nachmittag habe ich noch einen MRT-Termin im Krankenhaus. Meine Hausärztin meinte, dass man bei dieser Methode noch genauer sehe, ob die Beschwerden mit meinem Kopf oder der HWS zusammenhängen würden.

Dienstag, 15. April 2008

Gestern Nachmittag war ich zum MRT im Krankenhaus. Als ich mich im Aufnahmezimmer anmelden wollte, fiel es mir sehr schwer, mich auf das Gespräch zu konzentrieren. Es war der reinste Horror für mich und am liebsten hätte ich mich auf der Stelle umgedreht und wäre nach Hause gefahren. Doch ich zwang mich dazubleiben und die Aufnahmeformalitäten auszufüllen. Nach über einer Stunde Wartezeit wurde ich, auf einem Tisch liegend, in das Gerät hineingeschoben. Mit einem Kopfhörer bewaffnet und einem montierten Spiegel vor meinen Augen musste ich die Enge des Gerätes ertragen. Es hat nur wenig gefehlt und ich hätte den Notfallknopf gedrückt. Doch dann hätte ich kein MRT-Ergebnis gehabt. Irgendwie habe ich die Zeit in diesem Gerät überstanden. Als das MRT ausgewertet war, fand sich kein Hinweis über die Herkunft meines Schwindels. Da war so weit alles in Ordnung.

Heute Morgen zeigte ich bei der Krankengymnastik meinem Physiotherapeuten den Bericht. Er meinte, dass ich heute Abend mit meinem Mann eine Flasche Sekt trinken solle. Bei so einem guten Befund könnte man doch nur feiern. Aber gerade dazu bin ich gar nicht in Stimmung. Mir geht es nicht gut. Meine morgendliche Übelkeit und mein durchgängig anhaltender Schwindel machen mir weiterhin sehr zu schaffen. Trotzdem bin ich froh, dass alle bisherigen Befunde negativ waren. Jetzt kann und muss ich mich wohl auf meine Psyche konzentrieren.

Donnerstag, 17. April 2008

Allmählich geht es mir ein bisschen besser. Trotzdem fühle ich mich noch nicht in der Lage, nächste Woche wieder arbeiten zu gehen. Ich bin einfach noch viel zu schlapp dafür.
In den letzten Tagen sind mir so einige Gedanken durch den Kopf gegangen. Für mich ist es wichtig, dass ich mich selbst wiederfinde. Ich muss mein eigenes »Ich« wieder in den Mittelpunkt rücken

und versuchen, mich und meine Bedürfnisse bewusster wahrzunehmen. In den letzten Monaten habe ich versucht, gegen meine körperlichen Symptome anzukämpfen. Ich bin dreimal in der Woche ins Fitness-Studio gegangen, egal, wie elend ich mich gefühlt habe. Von Schule, Haushalt und Kindern ganz zu schweigen. Ich habe täglich funktioniert und bin jeden Abend völlig erschöpft in mein Bett gefallen. Meine einzige Erholung fing um 20.30 Uhr an, wenn die Kinder im Bett lagen. Dann habe ich ein Buch in die Hand genommen und mich in eine andere Welt gelesen.

Freitag, 18. April 2008

Heute Morgen war ich wieder zu meiner Hausärztin, die mich für weitere zwei Wochen krankgeschrieben hat. So habe ich noch ein wenig Zeit, mich zu erholen.
Gegen Mittag hatte ich mein erstes psychotherapeutisches Gespräch. Nachdem mir bewusst geworden ist, dass ich an meiner Psyche arbeiten muss, habe ich sämtliche Psychotherapeuten angerufen, die ich in den Gelben Seiten fand. Alle hatten Wartezeiten von über einem halben Jahr. Schließlich fand ich eine Therapeutin, die mir ein Gespräch angeboten hat. Der einzige Haken an der Sache war, dass ich weitere Therapiestunden selbst bezahlen muss, da sie keine kassenärztliche Zulassung hat. Mit etwas mulmigen Gefühlen bin ich heute Nachmittag zu ihr gefahren. Als ich mein Auto vor ihrem Haus parkte, kam eine junge Frau aus dem Haus. Sie sah ziemlich fertig aus. Ob man mir mein Elend auch so ansehen kann wie dieser Frau, ging es mir durch den Kopf. Das Gespräch mit der Psychotherapeutin war sehr angenehm. Ich erzählte ihr in Kurzform meine Lebensgeschichte. Durch gezielte

Fragen ihrerseits, die mir zum Teil sehr schwer fielen zu beantworten, bin ich nun doch ein bisschen weiter. Sie erzählte mir, dass Schwindel oft durch Angst ausgelöst werde. Dass ich eine übermäßige oder verdrängte Angst haben soll, ist mir gar nicht bewusst. Meine Müdigkeit und die schweren Augenlider könnten daher kommen, dass ich alles viel zu genau nähme. Ich sei eine Frau, die in vielen Bereichen ihres Lebens zu Perfektionismus neige. Aber mein Haus sieht nicht immer ordentlich aus; wie oft liegen die Spielsachen der Kinder noch Tage später verstreut auf dem Wohnzimmerboden. Aber vielleicht hat sie ja recht. Ich versuche meine Kinder optimal zu fördern, fahre Hannah täglich zu irgendwelchen Terminen, sei es zum Turnen, zum Schwimmen, zur Blockflöte oder zu Französisch sowie zum Spielen in das Nachbardorf. Ich verstricke mich gedanklich in Hannahs Terminkalender und versuche ihn so schön und optimal wie möglich zu gestalten. Robin hat zwar weniger Termine, doch immer wieder mache ich mir Kummer um sein Hörvermögen und den bestehenden Paukenerguss. Ich fahre ihn einmal in der Woche zur Logopädie und zum Kinderturnen und zweimal zur Krankengymnastik. Mittags hole ich ihn täglich vom Kindergarten ab. Manchmal fühle ich mich wie ein Taxiunternehmen.

Nach diesem Therapiegespräch habe ich mir überlegt, was ich in meinem Leben ändern kann und habe mir für die Zukunft Folgendes vorgenommen:

1. die Kleinigkeiten im Leben bewusster wahrzunehmen und zu schätzen,
2. mich selbst vor lauter Aktivitäten nicht zu vergessen,
3. weniger Anerkennung bei meinen Mitmenschen zu suchen und stärker auf meine eigenen Interessen und Wünsche zu achten,

4. mir nicht mehr so viele Gedanken um meine Kinder zu machen (auch dann sind sie glückliche Kinder!).

Freitag, 25. April 2008

Nachdem ich gestern Abend ein Buch über »Angst« gelesen habe, das mir meine Freundin Sandra ausgeliehen hat, fand ich einige nützliche Bewältigungsstrategien darin. Atemübungen, positives Denken und positive Visualisierung werden dort zum Beispiel genannt. Da ich heute einen anstrengenden Tag vor mir hatte, bin ich mit »positiven Gedanken« aufgestanden und habe mir gesagt: »Heike, du schaffst das heute. Verdränge die schlechten Gedanken und versuche positiv zu denken!« Beim Einkaufen im Edeka traf ich zwei Kolleginnen. Zum ersten Mal seit meiner Erkrankung kam ich mit ihnen ins Gespräch und sie meinten, dass ich jetzt nach mir schauen sollte. Die Vertretung an der Schule würde gut laufen. Das beruhigte mich sehr, sodass der berufliche Druck erst einmal genommen ist.

Heute Nachmittag habe ich für Hannahs Geburtstag Kuchen gebacken. Danach hatte ich einen Friseurtermin. So ganz einerlei war es mir nicht bei der Vorstellung, in den Friseursalon zu gehen. Mit ein paar Atemübungen habe ich versucht mich zu beruhigen. Eine Panikattacke blieb zum Glück aus. Während meine Haare geschnitten wurden, hatte ich das starke Bedürfnis, meiner Friseurin von meiner Erkrankung und dem Ärztemarathon zu erzählen. Sie war sehr verständnisvoll und erzählte von Bekannten, die sich einer Psychotherapie unterzogen hätten. Je mehr ich mit anderen Leuten ins Gespräch komme, desto häufiger fällt mir auf,

wie viele von ihnen schon ähnliche Erfahrungen gemacht haben oder Leute in ihrem Bekanntenkreis kennen, die damit in Berührung gekommen sind. Irgendwie finde ich es ja beruhigend, nicht alleine mit meiner Erkrankung dazustehen, aber auch erschreckend, was unsere Gesellschaft aus uns macht und welche Krankheiten dadurch erst in uns ausgelöst werden.
Auf dem Nachhauseweg vom Friseur sah ich einiges aus meinem Leben klarer: was für eine »Übermutter« ich bin! Alles versuche ich alleine zu regeln, kutschiere die Kinder überallhin. Immer bin ich irgendwo am Schaffen. Ich finde keine Ruhe, um mich zwischendurch einmal auf die Couch zu setzen und nichts zu tun. Aber warum bin ich so geworden? In meiner Kindheit hat unsere Mutter alles für uns getan, doch wir hatten natürlich kaum Termine. Vieles von dem, was ich vorgelebt bekommen habe, übernehme ich heute unbewusst und daher nicht reflektiert. Bis heute habe ich nie infrage gestellt, warum mein Mann nicht auch ein paar Termine der Kinder übernehmen kann. Ich habe förmlich alles an mich gerissen, was mit Haushalt und Kindern zu tun hatte. Als ich zwanzig Jahre alt war, habe ich mir eine gleichberechtigte Beziehung gewünscht mit gleichmäßiger Arbeitsteilung. Doch heute muss ich feststellen, dass davon kaum etwas übrig geblieben ist. Durch die Kinderphase habe ich mich völlig aus den Augen verloren. Da bin ich wohl in die »Kinderfalle« getappt. Bis Robin fast vier Jahre alt war, bin ich nicht arbeiten gegangen, sondern habe mich um den Haushalt und die Kinder gekümmert. Als ich letzten Sommer wieder anfing zu arbeiten, lief alles so weiter. Ich kümmerte mich pflichtgemäß um den Haushalt und die Angelegenheiten der Kinder, ging an zwei Vormittagen arbeiten, bereitete meinen Unterricht nachmittags vor, absolvierte eine Ausbildung als Übungsleiterin beim Sportbund Rheinland und versuchte

wegen meiner Rückenprobleme auch sportlich aktiv zu bleiben. Zudem leitete ich die Kinderturngruppe von Robin. Ein Mammutprogramm habe ich mir da wohl zugemutet.

Samstag, 26. April 2008

Aus lauter Verzweiflung über meinen gesundheitlichen Zustand habe ich heute Nachmittag im Internet auf den Gesundheitsseiten gesurft. Nach längerer Suche habe ich eine Seite gefunden, die auf meine Symptomatik zugetroffen hat. Da wurde eine Form der Depression wie folgt definiert:

- einhergehend häufig mit wechselhaftem Schwindelgefühl und auftretender Übelkeit
- morgens ist die Depression meist stärker, die sich dann gegen Abend abschwächt
- keine sexuelle Lust mehr
- Müdigkeit
- einhergehend mit Angstzuständen
- Antriebslosigkeit

Endlich habe ich meine ganzen Symptome in einer Erkrankung wiedergefunden. Es ist doch nicht alles nur Einbildung, was ich so fühle und empfinde.

Sonntag, 27. April 2008

Gestern haben wir Hannahs 7. Geburtstag gefeiert. Günter war für die Animation verantwortlich, ich für das Essen und Trinken. Bevor die Kinder kamen, war mir wieder schlecht. Im Gegensatz zu

den früheren Kindergeburtstagen habe ich mich sehr zurückgenommen. Aber es ist alles gut verlaufen.
Heute Morgen war ich walken. Danach war ich ziemlich kaputt und habe mich erst einmal hingelegt. Heute Nachmittag haben wir ein Sonnenbad genommen. Das hat so richtig entspannend gewirkt. Da war meine Übelkeit und auch der Schwindel für kurze Zeit weg. Ich merke, dass es mir immer wieder schwerfällt, mit meiner Krankheit umzugehen. Die depressiven Phasen sind sehr erdrückend und ich habe das Gefühl, dass ich keine Kontrolle mehr über mich selbst habe. Ich fühle mich gefangen in mir selbst.

Montag, 28. April 2008

Seit gestern geht es mir etwas besser. In der Sonne konnte ich mich ganz gut entspannen. Heute ist mein Kopf freier, der Druck über meinen Augen hat nachgelassen und die lähmende Müdigkeit ist fast weg. Mit Appetit konnte ich heute Morgen wieder frühstücken. Jetzt habe ich das Gefühl, wieder am Leben teilzunehmen. Hoffentlich hält dieser Zustand an.
Zwischendurch war ich in der Bibliothek und habe mir Bücher über Psychotherapie und Depressionen ausgeliehen. Da die Frau an der Ausleihe mich persönlich kennt, war es mir zuerst etwas unangenehm, die Bücher auszuleihen. Doch dann sagte ich mir, dass ich zu meiner Erkrankung stehen muss. Zum Glück hat sie nichts zu den Büchern gesagt.
Nächsten Montag habe ich einen Termin bei einer Ärztin, die auch ausgebildete Psychotherapeutin ist. Da verspreche ich mir weitere Hilfe.

Dienstag, 29. April 2008

Heute hatte ich einen richtigen »Heultag«. Mir war den ganzen Tag über hundeelend zumute. Zudem hat mich eine große innere Unruhe verfolgt. Irgendwie habe ich den Tag hinter mich gebracht. Am Nachmittag kam noch eine Freundin von Hannah zu uns. Da konnte ich dann nicht mehr auf der Couch liegen bleiben. Ich habe mich in die heiße Badewanne verkrümelt, in der Hoffnung, hier Linderung zu finden. Endlich konnte sich meine schmerzende Rückenmuskulatur entspannen. Und nach einer halben Stunde ließ ich meinen angestauten Tränen auch freien Lauf. So fand mich Günter dann vor, als er von der Arbeit nach Hause kam. Wie ein Häufchen Elend habe ich mich gefühlt und dazu noch völlig schutzlos und ohne Hoffnung auf Besserung. Auch die tröstenden Worte meines Mannes haben mir nicht wirklich weitergeholfen. Jetzt hoffe ich auf eine Nacht, die Vergessen bringt.

Donnerstag, 1. Mai 2008, Christi Himmelfahrt

Tagsüber war ich heute sehr müde. Trotzdem habe ich mit meinen Hanteln gymnastische Übungen gemacht und war noch eine große Runde mit Günter spazieren. Zwischendurch habe ich mich mehrmals zum Schlafen ins Bett gelegt. Trotz der Ruhephasen bin ich heute Abend schon wieder völlig fertig. Meine depressiven Gedanken und die Übelkeit haben mir zumindest eine kleine Verschnaufpause geschenkt. Ich befürchte, bis ich mich von meiner Erkrankung erholt habe, vergehen noch Monate.

Samstag, 3. Mai 2008

Ich bin ganz stolz auf mich. Seitdem ich nicht mehr arbeiten gehe, verkrieche ich mich häufig zu Hause. Es fällt mir auch schwer einkaufen zu gehen. Meistens muss ich mich dazu zwingen. Heute Nachmittag waren wir zum Familiengottesdienst. Ich musste mich selbst dazu überreden, dorthin zu gehen. Eine leise Angst beschlich mich, aber während des Gottesdienstes habe ich keine Panikattacke bekommen. Es tat sogar sehr gut, die mit der Gitarre begleiteten Lieder zu singen. Nach dem Gottesdienst habe ich mich noch länger mit einer guten Bekannten unterhalten. Sie erzählte mir von ihrer 14-jährigen Nichte, die sich vor einigen Tagen in eine geschlossene psychische Klinik habe einweisen lassen. Es ist immer wieder beruhigend, auch die Krankheitsgeschichten von anderen Leuten zu hören. Heute Abend war ich noch eine Stunde durch den herrlichen Frühlingswald spazieren. Es hat mir richtig gut getan, mit meinen Gedanken alleine zu sein. Ich habe mir vorgenommen, so oft wie möglich spazieren zu gehen.

Sonntag, 4. Mai 2008

Heute war ein sehr angenehmer und warmer Frühlingstag. Heute Mittag haben wir auf der Terrasse gegrillt und sind anschließend noch eine Runde um das Gemündener Maar spazieren gegangen. Im Waldcafé haben wir uns bei einem Stück Kuchen und einer Tasse Tee verwöhnen lassen. Am späten Nachmittag habe ich mich dann in mein Buch über »Depressionen« vertieft und mir wichtige Dinge herausgeschrieben. Der ganze Tag war sehr entspannend und auch energiespendend. Ich habe mir einen Leitsatz gewählt, den ich mir jeden Tag mehrmals vorsagen will: »Mit jedem Tag und jedem Atemzug gewinne ich allmählich meine Energie zurück.«

Dienstag, 6. Mai 2008

Gestern hatte ich meinen ersten Termin bei einer Psychotherapeutin. Meine Freundin Sandra hatte mir den Tipp gegeben, dass diese Ärztin eine psychotherapeutische Ausbildung habe. Das Gespräch mit ihr hat mich völlig aus der Bahn geworfen. Mit einigen von mir genannten Fakten hat sie sehr schnell meine Geschichte gedeutet. Sie erzählte mir, dass in der Psychotherapie Schwindel bedeute, dass man den Boden unter den Füßen weggezogen bekäme. Nur, wer zieht mir den Boden unter meinen Füßen weg? Sie vermutete, dass mein familiäres Umfeld durch zu viel Ehrgeiz geprägt sei. Man würde ausschließlich an der Leistung der Arbeit gemessen werden. Um eine schnelle und erfolgreiche Therapie zu erlangen, müsste ich in eine psychosomatische Klinik. Der Aufenthalt belaufe sich auf etwa vier Wochen. Ich müsste aus meinem Umfeld herauskommen, damit ich genügend Zeit zum Nachdenken hätte. Die Entscheidung über einen Klinikaufenthalt liegt nun bei mir. Das ganze Gespräch hat mich sehr aufgewühlt und ihre Aussagen haben mich gedanklich verfolgt.
Gestern Nachmittag und auch heute bin ich sehr bekümmert und traurig. Ich weiß nicht, was ich machen soll. Ist es wirklich sinnvoll, eine Klinik aufzusuchen und meine Familie alleine zu lassen? Besonders schwer fällt mir der Gedanke, wenn ich dabei an meine Kinder denke. Bei diesem Gedanken vermisse ich sie jetzt schon furchtbar.

Mittwoch, 7. Mai 2008

Ich habe mich entschieden. Ich werde eine psychosomatische Klinik aufsuchen. Aber ich habe dabei ein beschissenes Gefühl im Bauch. Zum einen habe ich Angst davor, meinen Mann und die Kinder zu verlassen und mich alleine auf den Weg in die Klinik zu begeben. Ich weiß nicht, welche Gefühle es in mir auslösen wird. »Loslassen« ist jetzt wohl angesagt, aber das ist leichter gesagt als getan. Außerdem habe ich Angst vor der Klinik und dem damit verbundenen vierwöchigen Aufenthalt, der bevorstehenden Zeit mit mir alleine, den vielen Therapiegesprächen und was sonst noch auf mich zukommen wird.
Ich fühle eine tiefe Traurigkeit in meinem Inneren. Ich vermisse jetzt schon meinen Mann und meine Kinder.

Donnerstag, 8. Mai 2008

Heute habe ich mit Tanja telefoniert. Tanja versteht es, einfühlend und mit viel Zuversicht über meine Erkrankung zu sprechen. Diese Telefongespräche bauen mich auf und nehmen etwas von meiner Angst, dass die Krankheit für immer dableiben könnte. Ich bin so froh, dass ich einen Menschen gefunden habe, der sehr einfühlsam ist und mich versteht.

Freitag, 9. Mai 2008

Ich sitze draußen auf der Terrasse bei sommerlichen Temperaturen und strahlend blauem Himmel. Die Sonne tut mir einfach gut und bringt mir etwas von meiner Ruhe zurück. Mittlerweile geht es mir wieder etwas besser. Der Schwindel und auch die Müdigkeit sind nur noch manchmal da. Ich bin jetzt wesentlich belastbarer als noch vor einer Woche. Dem mir in Aussicht gestellten Klinikaufenthalt sehe ich jetzt gelassener entgegen. Manchmal freue ich mich auch über die Auszeit, die mir damit geschenkt wird. Es bleibt zwar noch einiges zu regeln, aber es wird schon funktionieren. Ich habe mit vielen Leuten darüber gesprochen und alle haben mir positiv zugeredet. Sie haben es mir als eine Chance zur Besserung meiner Erkrankung nahegelegt, die ich unbedingt nutzen soll.

Als ich mir heute Morgen neue Schuhe kaufen ging, hatte ich ein sehr positives Erlebnis. Mit der Verkäuferin kam ich in ein Gespräch. Sie erzählte mir von ihrem Schwindel und den Panikattacken, die sie jahrelang gequält hatten. Ihre Symptome waren fast ähnlich wie meine: ständiger Schwindel, Übelkeit, Engegefühl im Brustraum und Angst. Zudem erschwerten die immer wiederkehrenden Panikattacken ihr Leben. Sie traute sich kaum noch mit dem Auto zu fahren oder im Supermarkt einkaufen zu gehen. Nach einer weniger erfolgreichen Psychotherapie brachte eine Hypnosesitzung ihr Problem auf den Punkt. Als sie ihr eigentliches Problem erkannte, ging der Schwindel weg und auch die Panikattacken nahmen ab. Heute geht es ihr gut und sie kann am normalen Leben wieder teilnehmen. Sie war mir gegenüber sehr offen und hat sich sehr für meine Erkrankung interessiert. Es ist schon Wahnsinn, wie viele psychisch erkrankte Menschen es in unserer Gesellschaft und zugleich in meinem kleinen Umfeld gibt. Ich muss mir eingestehen, dass meine leidvolle Erfahrung auch positive Momente beinhaltet. Durch meine Erkrankung eröffnen sich mir neue Horizonte. Ich lerne neue Menschen kennen, die sich mir anvertrauen. Jetzt weiß ich auch, warum es so viele Bücher zu diesem Thema gibt.

Sonntag, 11. Mai 2008, Muttertag

Heute ist Muttertag. »Ein Tag für die Mama«, so hat meine Tochter liebevoll zu mir gesagt. Aber wenn ich mir den jahrelang praktizierten Tagesablauf vorstelle, sieht dieser Tag eher wie ein »Omatag« aus: Vormittags zur Oma, die bei uns im Dorf wohnt, und nachmittags zur Schwiegeroma. Na klasse, und wo bleibe ich? Was habe ich von meinem »Muttertag«? Also muss ich die Initiative ergreifen und mir überlegen, was ich eigentlich will. Eine Fahrradtour wäre doch ganz nett und abends dann noch zu den Omas.

Abends, 20.30 Uhr

Es hat tatsächlich geklappt und vor allem hat es Spaß gemacht. Die Kinder durften sich in die Fahrradsitze zu uns auf die Räder setzen. Den Kalkradweg von Walsdorf bis nach Birgel sind wir dann geradelt. Zu Mittag haben wir in der Birgeler Wassermühle gegessen. Gegen Abend haben wir dann die Omas besucht. Gut, dass ich den heutigen Tag selbst in die Hand genommen und verändert habe. Sonst wäre wieder ein Tag verstrichen, an dem ich aus Pflichtbewusstsein funktioniert, aber nicht wirklich gelebt hätte.

Dienstag, 13. Mai 2008

Nun ist es über einen Monat her, dass ich meinen Zusammenbruch hatte. Es geht mir zwar schon um einiges besser, aber es ist noch lange nicht so, wie es sein sollte. Ständig begleitet mich so ein melancholisches Gefühl und ich spüre eine allgegenwärtige Müdigkeit. Wenn ich mich konzentrieren muss, dann ist das sehr anstrengend. Ich bin wohl kein geduldiger Patient. Am Donnerstag habe ich einen Termin bei einem Neurologen in Wittlich. Ich bin mal gespannt, was mich da erwartet. Heute hatte ich so ein Engegefühl in der Brust. Zuerst konnte ich nichts damit anfangen, aber irgendwann fiel es mir wie Schuppen von den Augen: Ich habe wieder Angst und am liebsten würde ich weinen. Aber das geht im Moment nicht. Die Kinder spielen um mich herum. Ich will nicht, dass sie zu viel von meinem Elend mitbekommen. Sie bekommen auch so schon zu viel von meiner Krankheit mit.

Montag, 19. Mai 2008

In den letzten Tagen hat sich sehr viel getan. Letzten Donnerstag war ich bei einem Neurologen. Er hat einen Bericht für die Aufnahme in einer psychosomatischen Klinik geschrieben. Zuerst fühlte ich mich nicht besonders wohl in seiner Praxis. Ich dachte, »also hier gehen die Leute hin, die mit ihrem Leben nicht mehr zurechtkommen«. Außerdem ging mir der Gedanke durch den Kopf, dass so ein Arzt seine Patienten auch für immer aus dem Berufsalltag ziehen kann. Aber nach dem Arztgespräch fühlte ich mich ganz gut und bin mit guten Vorsätzen nach Hause gefahren. Was mich dann daheim erwartete, darauf war ich nicht gefasst. Günter kam heulend und völlig aufgelöst nach Hause. Er hatte einen Termin bei seinem Orthopäden zur Besprechung seines MRT-Berichtes wegen der anhaltenden Knieprobleme. Der Arzt teilte ihm mit, dass er sein Knie operieren lassen müsse, da sich

ein Knochenfraß im Kniegelenk befände. Irgendwie haben wir den Abend hinter uns gebracht, aber am nächsten Morgen bin ich wieder mit einer starken Depression aufgewacht. Weinanfälle, Schwächegefühl, Übelkeit und Selbstmordgedanken waren wieder meine ständigen Begleiter. Die nächsten Abende bin ich wieder alleine spazieren gegangen und habe mich auf eine Bank im Wald gesetzt. Da saß ich jeden Abend über eine Stunde und habe mein ganzes Elend hinausgeheult. Doch danach ging es mir auch nicht wesentlich besser. Gestern meinte Günter, wenn das mit mir noch zwei Wochen so weitergehen würde, dann wäre er auch reif für die Klinik. Heute Morgen bin ich dann ganz aufgelöst zu der mich betreuenden Psychotherapeutin gefahren. Sie hat mir Beruhigungstabletten und ein Antidepressivum verschrieben. Sie fragte mich, ob sie für mich vielleicht ein Notbettzimmer in der Klinik anfordern solle. Damit war ich einverstanden, denn in meinem jetzigen Zustand weiß ich nicht mehr weiter. Als ich wieder zu Hause war, bekam ich einen Anruf von der Klinik, die mir ein Zimmer für den kommenden Mittwoch zusagten. Die Beruhigungstabletten haben wie eine Bombe eingeschlagen. Endlich kann ich noch mal klar denken, aber ich merke, wie es unter der Oberfläche brodelt. Sobald die Wirkung des Arzneimittels nachlässt, kommen alle Symptome wieder.
Nach dem Anruf der Klinik bin ich sofort zu meiner Nachbarin gegangen, die als Familienpflegerin bei der Caritas arbeitet. Sie war sehr angetan von meinem Vorschlag, dass sie für die Zeit meines Aufenthaltes in der Klinik als Familienpflegerin zu uns kommen sollte. Mit der Caritas hat sie dann alles Notwendige geregelt, sodass sie schon gegen Abend bei mir angerufen hat und mir eine positive Rückmeldung geben konnte. Gott sei Dank ist die Versorgung meiner Familie, insbesondere der Kinder, geregelt.

Das gibt mir neue Zuversicht und vielleicht auch die Kraft, die ich für meinen Heilungsprozess brauche.

Mittwoch, 21. Mai 2008

Heute bin ich den ersten Tag hier in der Klinik. Es war ein ziemlich harter Tag. Die zweistündige Autofahrt hierhin war problemlos, doch als ich mit meinem Koffer alleine in meinem Zimmer saß und zur Ruhe kam, ging es mir hundeelend. Ich bin vor Heimweh fast gestorben. Die fremde Umgebung wirkt ziemlich beunruhigend auf mich. Die für mich zuständige Ärztin hat meine Daten aufgenommen und war sehr nett zu mir. Das Einzige, was mich nach diesem Gespräch nachdenklich stimmt, war ihre Äußerung, dass viele Patienten länger als vier Wochen in der Klinik bleiben müssten. Manche Patienten blieben sogar bis zu drei Monate. Uff! Und prompt saßen heute Abend beim Essen zwei Patienten neben mir, die schon seit zehn Wochen hier sind. Ihr Abreisetermin steht noch nicht fest, da sie sich noch nicht stark genug fühlen, um den Alltag zu Hause zu meistern.
Heute Nachmittag bin ich in eine Kirche im Ort gegangen. Ich saß über eine Stunde da und habe geweint. Irgendwann ist dann eine innere Ruhe über mich gekommen und ich habe für eine kurze Zeit meinen Frieden mit mir gefunden. Hoffnung gibt mir auch die Äußerung der Ärztin, dass wohl jeder Zweite in seinem Leben eine Depression bekäme. Wenn die Depression richtig ausgeheilt sei, wäre die Krankheit besiegt. Hoffentlich gehöre ich auch dazu.
Beim Abendessen habe ich dann Udo, Jutta und Zita näher kennen gelernt. Mit Jutta habe ich noch einen Abendspaziergang gemacht. Während des Spaziergangs hat sie mir von ihrer

Krankheit erzählt. Sie ist seit 2002 manisch-depressiv und hat schon mehrere Kliniken aufgesucht. Ihre erste Frage an mich war, ob ich auch schon mal in einer Psychiatrie gewesen wäre. Ich kam mir vor wie in einem falschen Film. Saß ich etwa hier in einer »Klapse« mit nur verrückten Leuten? Bin ich selbst etwa auch eine Geistesgestörte? Bis dahin war diese Klinik für mich eine Klinik für Patienten mit psychosomatischen Erkrankungen, Depressionen und ähnlichen Krankheitsbildern, aber keine Psychiatrie. Ich muss mich wohl der Realität stellen. Ich bin tatsächlich in einer Psychiatrie und leide an einer Depression, aber ich bin nicht geistesgestört.

Ich glaube, ich habe hier einen Ort gefunden, wo ich endlich zur Ruhe kommen kann. Hoffentlich vergehe ich nicht vor Heimweh. Vorhin haben Günter und die Kinder angerufen. Robin hat mich gefragt, wann ich sie besuchen kommen würde. Seine Stimme zu hören hat mir fast das Herz zerrissen. Immer wenn ich an Zuhause und an die Kinder denke, wird es mir ganz schwer ums Herz. Ich war noch nie von meinen Kindern getrennt und jetzt muss ich wohl für eine lange Zeit hier bleiben.

Donnerstag, 22. Mai 2008, Fronleichnam

In der ersten Nacht habe ich recht gut geschlafen. Während der Nacht habe ich ein Licht im Zimmer brennen lassen, das mir im Notfall Orientierung geben sollte. Als ich heute Morgen gegen fünf Uhr aufgewacht bin, überkam mich das »Hundeelend«: Heimweh, Ängste und Übelkeit. Irgendwann habe ich dann den Weg aus meinem Bett gefunden und mich für das Frühstück fertig gemacht. Als ich wenig später den Frühstücksraum betrat, hat sich mein Schwindelgefühl verstärkt. Aber die netten Tischnachbarn haben mich freundlich empfangen und ein bisschen abgelenkt. Nach dem Frühstück bin ich zur Beschäftigungstherapie gegangen, wo Jutta und Zita auch waren. Ich habe mich neben sie gesetzt und einfach nur zugeschaut, was die anderen gemacht haben. Zu einer Bastelarbeit konnte ich mich nicht durchringen. Da ich innerlich so voller Kummer bin, habe ich kurze Zeit später den Raum wieder verlassen. In meinem Zimmer habe ich mich erst einmal ausgeheult und anschließend eine Stunde geschlafen. Zum Mittagessen ging es mir dann ein wenig besser, sodass ich nachmittags mit Zita in den Zoo fahren konnte. Der Zoo hat mich zwar überhaupt nicht interessiert, aber irgendwie musste ich mich ablenken. Im Zoo habe ich dann nur die Familien mit ihren Kindern gesehen und ich habe mich gefragt, was ich hier alleine mache. Sollte ich nicht bei meinen Kindern zu Hause sein? Als wir wieder zurück waren, hätte ich fast meine Koffer gepackt und wäre nach Hause gefahren. Aber dann habe ich mir gesagt, dass es mir zu Hause auch nicht besser geht und ich das hier jetzt durchstehen muss.

Mit Günter habe ich gegen Abend telefoniert. Er meinte, er hätte heute seinen Heultag. Es ist schwer für uns beide, mit meiner Krankheit umzugehen und die damit verbundenen Konsequenzen, nämlich den Klinikaufenthalt, zu akzeptieren. Es wird ein schwerer Weg für uns beide werden. Günter muss zu Hause klarkommen und ich muss meinen Weg hier finden. Gott beschütze uns alle.

Freitag, 23. Mai 2008

Ich glaube, heute ist der schlimmste Tag meines Lebens. Am Morgen bin ich wieder mit meinen Ängsten aufgewacht und den ganzen Tag habe ich eine große innere Unruhe verspürt. Am Nachmittag bin ich durch den Wald spazieren gegangen in der Hoffnung, etwas Ruhe zu finden. Doch das Gegenteil war der Fall. Tausend Gedanken sind mir durch den Kopf gegangen und als ich wieder in mein Zimmer ging, war ich fest entschlossen am nächsten Tag nach Hause zu fahren. Zuerst habe ich Günter angerufen und ihm mein ganzes Elend erzählt. Dann habe ich mit meinen Eltern telefoniert. Papa hat mich wieder auf den Boden der Tatsachen zurückgeholt und gesagt, dass es mir zu Hause auch nicht besser gehen würde. Einzig in der Klinik könnte ich Hilfe erwarten. Zum Schluss habe ich noch Tanja und Marita angerufen, die mir durch ihr Zuhören und ihr gutes Zureden weitergeholfen haben. Beide meinten, ich müsse die Hilfe der Klinik in Anspruch nehmen, um wieder gesund zu werden. Nur dann könnte ich auch wieder für meine Kinder da sein.

Samstag, 24. Mai 2008

Zwar habe ich meine Koffer nicht gepackt und bin nach Hause gefahren, trotzdem fühle ich mich völlig leer. Heute Morgen habe ich nach dem Frühstück die Beschäftigungstherapie (BT) aufgesucht. Da ich Angst hatte, mich alleine in meinem Zimmer aufzuhalten und von schrecklichen Gedanken heimgesucht zu werden, zog ich es vor, unter die Leute zu gehen. Zuerst habe ich mich in der Beschäftigungstherapie zu den anderen Patienten gesetzt und ihnen bei ihrer Beschäftigung zugesehen. Ich fühlte mich wie versteinert und war völlig unfähig, irgendeine Beschäftigung aufzunehmen. Die Leiterin der BT sprach mich an und gab mir ein paar Bücher über diverse Bastelarbeiten. Ich blätterte die Bücher durch, konnte mich jedoch für keine Arbeit entscheiden. Als die Leiterin mich wieder ansprach, legte sie mir einen Arm um meine Schultern und sprach mir ein paar tröstende Worte zu. Tränen liefen mir über mein Gesicht und die Blockade in meinem Inneren löste sich allmählich auf. Es tat so gut, diesen körperlichen Kontakt zu spüren und ihre tröstenden Worte zu hören. Wie sehr hatte ich mich doch danach gesehnt, einfach nur in den Arm genommen zu werden. Es war, als fiele eine schwere Last von meinen Schultern. Die Leiterin schlug mir vor, zu Anfang meiner Beschäftigung mit einer leichten Tätigkeit zu beginnen. Sie spannte mir ein vorkonturiertes Seidentuch mit einer Abbildung von Hundertwasser auf einen Rahmen und zeigte mir die Materialien, die ich für meine Arbeit brauchen würde. Langsam fing ich an zu malen. Auch wenn ich mich durch meinen Schwindel auf meine Arbeit sehr konzentrieren musste, so half es mir doch, mich aus dem Teufelskreis meiner Gedanken zu lösen und das ständige Gefühl von Heimweh für kurze Zeit zu verdrängen. Beim Mittagessen sprach ich ein paar Worte mit meinen Tischnachbarn. Diese leichte Art der Konversation half mir ein wenig, mich in den Alltag der Klinik einzuleben. Außerdem erhielt ich von meiner Ärztin Termine bei einer Psychotherapeutin, zum Turnen und zur progressiven Muskelrelaxation in der Gruppe. Nächste Woche werden meine Anwendungen und Therapien dann allmählich beginnen, sodass die Zeit hier in der Klinik hoffentlich schneller vorbeigehen wird. Außerdem kann ich vielleicht ein paar nette Leute kennen lernen, mit denen ich mich zwischendurch unterhalten kann.

Die Einsamkeit hier in der Klinik belastet mich sehr. Wenn ich alleine bin, kreisen mir meine negativen Gedanken durch den Kopf und ich fühle mich sehr einsam und verlassen. Manchmal habe ich das Gefühl, in einen dunklen Tunnel zu fallen. Ich finde dann keinen Halt mehr und weiß nicht, wie ich wieder herauskommen soll. Wenn meine Tränen dann irgendwann versiegt sind, liege ich völlig teilnahmslos auf meinem Bett und starre gegen die Wände. Aus dieser Apathie gelange ich erst dann wieder, wenn ich mich zwinge, zum Mittagessen oder zum Abendbrot den Essensraum aufzusuchen.

Montag, 26. Mai 2008

Ich fühle mich nach wie vor sehr schlecht und die Depression scheint meine Gedanken und Gefühle völlig zu beherrschen. Um irgendwie einen Weg aus meiner tiefen Depression zu finden, habe ich mir nochmals mein Buch »Depressionen« geholt und den tiefenpsychologischen Ansatz über Ängste durchgelesen. Dann habe ich mir die Frage gestellt, ob ich in meiner Kindheit große Angstgefühle hatte.
Als ich meiner Therapeutin erzählte, dass ich mich in Büchern über meine Krankheit informiere, meinte sie, dass ich doch der Experte in diesem Gebiet sei, da ich doch selbst daran erkrankt sei. Ich solle mich jetzt mehr schonen, um wieder zu Kräften zu kommen. Schließlich sei es ihre Aufgabe, mich zu therapieren. Mir geht das hier alles viel zu langsam. Ich muss mich wohl mehr in Geduld üben.

Sonntag, 1. Juni 2009, abends

Heute Nachmittag hat mich meine Familie, sprich Günter, Hannah und Robin, besucht. Nach dem Frühstück bin ich schon ganz aufgeregt in meinem Zimmer umhergelaufen und konnte auch beim Lesen eines Buches keine Ruhe finden. Dann habe ich meinen kleinen Rucksack mit ein paar Utensilien gepackt und bin hinaus in den Park gegangen. Hier standen einige Holzliegen zum Relaxen. Da das Wetter sehr angenehm warm war, habe ich mich auf eine Liege in die Sonne gelegt. Ich habe meinen Stand so ausgewählt, dass ich freien Blick auf den angrenzenden Parkplatz hatte. Während ich versuchte, ein Buch zu lesen, sind meine Gedanken immer wieder zu dem von mir erwarteten Besuch abgeschweift. Vor Aufregung konnte ich mich auch hier draußen nicht konzentrieren. Doch nach einiger Zeit wurde ich für mein Warten belohnt. Von Weitem konnte ich schon die Stimmen meiner Kinder und die meines Mannes hören. Sofort stand ich von meiner Liege auf und ging ihnen schnellen Schrittes entgegen. Was für ein wahnsinnig schöner Anblick, nach elf Tagen meine Familie wiederzusehen! Mein Mann und die Kinder schlossen mich in ihre Arme. Auch sie waren alle sehr aufgeregt. Kurz darauf zeigte ich ihnen die Klinik und mein Zimmer. Hannah hatte sich wohl eher ein richtiges Krankenhaus mit einem Krankenbett vorgestellt. Im Zimmer angekommen mussten sie alle Schränke und Schubladen genau inspizieren. Als sich die erste Aufregung gelegt hatte, wollten sie auch den Park sehen. Wir gingen nach draußen, sahen uns die Anlagen an und schlenderten dann durch einen kleinen Wald zum Zentrum der Stadt. In einer Pizzeria, die ich von meinen Tischgenossen empfohlen bekam, aßen wir gemütlich zu Mittag. Wie lange ist es schon her, dass wir auswärts gemeinsam zu

Mittag gegessen haben? Vor lauter alltäglichen Dingen haben wir solche Annehmlichkeiten völlig aus den Augen verloren. Anschließend gingen wir noch weiter durch die Stadt und die Kinder bekamen zum Nachtisch noch ein Eis vom Italiener. Wieder in der Klinik angekommen musste ich mich für eine kurze Zeit in mein Zimmer zurückziehen, da mein Schwindel sich verstärkt hatte. Wahrscheinlich war die ganze Aufregung um meinen lieben Besuch doch sehr kräftezehrend. Günter blieb noch mit den Kindern im Park, wo sie herumtoben konnten. Doch schon schnell wurde es Zeit zum Aufbruch, da sie noch eine zweistündige Fahrstrecke vor sich hatten. Hannah musste pünktlich im Bett sein, da am nächsten Morgen die Schule wieder begann. Ich begleitete sie noch bis zu ihrem Auto. Als wir uns voneinander verabschiedeten, fragten mich meine Kinder, wann ich sie denn besuchen käme. Leider konnte ich ihnen nur zur Antwort geben, dass ich vorerst in der Klinik bleiben müsse und sie mich nächsten Sonntag wieder besuchen kommen dürften. Die Verabschiedung von Günter fiel etwas tränenreicher aus. Günter fiel es wohl schwer, mich hier in der Klinik zurückzulassen. Ich hingegen schlug mich tapfer und bereitete mich schon gedanklich auf das bevorstehende Abendessen vor. So konnte ich das aufkommende Heimweh in Schach halten. Dann setzten sie sich ins Auto und fuhren vom Parkplatz der Klinik auf die Straße. Ich winkte ihnen noch so lange zu, bis ich niemanden mehr sehen konnte, und machte mich dann sofort auf den Weg zum Abendessen. Da schon alle Tischnachbarn beim Essen saßen, wurde ich durch die Gespräche von meinen Abschiedsgedanken abgelenkt. Später machte ich noch einen Spaziergang durch den Park und suchte mir ein nettes Plätzchen auf einer Bank. Die untergehende Sonne am Horizont verabschiedete sich mit einem herrlichen Abendrot von mir.

Nun sitze ich hier in meinem Zimmer auf meinem Bett und trage meine heutigen Erlebnisse in mein Tagebuch ein. Wenn ich den vergangenen Tag noch einmal an mir vorüberziehen lasse, wundere ich mich über mich selbst, wie stark ich gewesen bin und dass ich keine Träne vergossen habe. Die Nähe zu meiner Familie habe ich sehr genossen. Doch ich weiß auch, dass ich noch für einige Zeit hier in der Klinik bleiben muss. Mein Gesundheitszustand hat sich zwar ein wenig stabilisiert, aber ich vermute, dass ich noch einen weiten Weg vor mir haben werde, bis ich wieder gesund bin.

Mittwoch, 4. Juni 2008

Heute hatte ich meine zweite Gruppentherapie. Da ich noch nie an einer Gruppentherapie teilgenommen habe, hatte ich keine Ahnung, was mich da erwarten würde. Meine ersten zwei Gruppensitzungen überraschten mich schon sehr. Ich glaube, ich habe mit offenem Mund und erstauntem Gesichtsausdruck auf meinem Stuhl gesessen und den anderen zugehört, was sie zu berichten hatten. Sie haben sehr viel Persönliches von sich erzählt, sodass mir diese Intimität sehr nahe ging. Im Anschluss an meine ersten zwei Gruppensitzungen war ich sehr erschöpft und musste mich zunächst einmal in mein Zimmer zurückziehen, mich auf mein Bett legen und ausruhen. Zudem bin ich überrascht, was ich aus diesen Gesprächen alles für mich herausziehen kann.
Heute Morgen war mir wieder verstärkt schwindelig. Vielleicht hängt es mit meiner starken Anspannung zusammen, die ich spüre, wenn wieder eine Therapieform ansteht. Es rumort in meinem Inneren, aber so richtig fassen kann ich das alles nicht. In der

Einzeltherapie hat die Therapeutin meine Anspannung mit einem Expander verglichen. Wenn der Expander unter ständiger Anspannung stehe, leiere der Expander irgendwann aus und könne nicht mehr funktionieren. So sei es auch mir ergangen. Zudem meinte sie, dass meine Stimme sehr angespannt klinge. Zuerst war ich von ihrer Beschreibung schockiert, aber je mehr ich darüber nachdenke, desto mehr fasziniert es mich auch, was ein Therapeut alles durch seine Beobachtung über einen Menschen herausfinden kann.

Bis zur Aufnahme in der Klinik hatte ich nur wenig Ruhepunkte in meinem Leben, um wieder aufzutanken und Kraft zu schöpfen. Ich muss lernen meine Energie gezielter einzusetzen und nicht ständig in Bereitschaft zu stehen. Nur was soll ich in meinem Leben ändern? Am meisten hilft es mir, wenn ich dann an mein Leben vor den Kindern denke. Da gab es immer wieder Zeiten der Ruhe und Stille und des Kraftschöpfens. Heute finde ich erst zur Ruhe, wenn die Kinder am Abend im Bett liegen und ich mir ein Buch zur Hand nehmen kann. So kann ich dann für kurze Zeit dem Alltag entfliehen. Doch das reicht wohl nicht aus, ansonsten wäre es mir in den letzten Monaten nicht so schlecht gegangen. Meine Depression muss ich wohl als ein Warnsignal meines Körpers verstehen. Zuerst bekam ich den Schwindel, gegen den ich über Monate angekämpft habe. Dann kam Anfang April der völlige Zusammenbruch.

Nun bin ich auf dem Weg zu mir selbst: Ich will wieder mich selbst finden. Ich darf jetzt wieder im Mittelpunkt stehen. Ich bin wichtig. Mein Körper ist mir wichtig. Ich bin gut, so wie ich bin. Meine Wünsche zählen auch. Ich muss mich von der Fremdsteuerung lösen und meinen eigenen Weg gehen, damit ich wieder Spaß am Leben finde, das Leben genießen und es als ein Geschenk

Gottes ansehen kann. Lieber Gott, schenke mir die Kraft, den Mut und die Zuversicht, um wieder zu mir selbst zu finden.
Mein erster Schritt auf dem Weg aus meiner Depression ist die Erkenntnis, dass ich die Zeit in der Klinik brauche, um mir eine gute Basis zu schaffen, die ich brauche, um das Leben draußen zu meistern. Diese Zeit muss ich mir eingestehen, auch wenn es sehr lange dauern sollte. Nicht nur ich profitiere von meiner Gesundung, sondern auch meine Familie und mein ganzes Umfeld. Ich kann erst dann wieder arbeiten gehen, wenn ich gesund bin.

Donnerstag, 5. Juni 2008

Als ich heute Morgen aufgewacht bin, hatte ich wieder verstärkt Schwindel und leichte Übelkeit. Im Ganzen fühlte ich mich nicht besonders gut. Vor dem Mittagessen hatte ich Einzeltherapie. Das Gespräch hat sich auf mein Verhältnis zu den Kindern bezogen. Die Bindung zu meinem jüngsten Kind ist noch sehr intensiv. Wenn Robin mittags aus dem Kindergarten kommt, hält er sich gerne in meiner Umgebung auf. Er geht kaum woandershin spielen, sondern lässt die Kinder zu sich kommen. Vor allem kommt sein Vetter fast täglich zum Spielen vorbei. So ist Robin nachmittags ständig um mich herum und ich habe wenig Zeit für mich alleine. Hannah geht da schon eher ihren Weg. Sie besucht ihre Freundinnen oder lädt sie zu sich nach Hause ein. Die Therapeutin meinte, dass ich mich zu sehr an meinen Sohn binden würde. Dadurch würde er zu Hause bleiben und nicht zu anderen Kindern spielen gehen. Ich muss ihn wohl mehr ermuntern, auch andere Kinder zu besuchen. Erst so erhalte ich mehr Freiraum für mich selbst.

Außerdem meinte die Therapeutin, dass ich mein Leben mit mehr Muße gestalten müsse. Die Muße und das Schöne im Leben muss ich wieder neu entdecken und in mein jetziges Leben integrieren. Bis sich das Umdenken im Kopf verselbstständigt hat, können viele Monate, wenn nicht sogar bis zu einem Jahr vergehen. Was sind denn die schönen Dinge in meinem Leben, die ich mit Muße machen kann?

Eine Auflistung dieser Dinge kann mir vielleicht auf meinem Weg helfen:

- ein Buch lesen
- Mittagsschlaf halten
- Gitarre spielen
- in der Sonne liegen
- in die Sauna gehen
- ein Entspannungsbad nehmen
- die Stille einer Kirche aufsuchen
- abends auswärts essen gehen
- Bilder malen
- alleine spazieren gehen
- träumend im Gras liegen
- ins Kino gehen
- zum Yoga gehen
- schöne Musik hören
- gemütlich vor dem Kamin sitzen und eine Tasse Tee trinken
- mit Freunden telefonieren

Freitag, 6. Juni 2008

Heute stand die dritte Gruppentherapiesitzung an und schon nach dem Aufstehen fühlte ich mich miserabel. Die mich betreuende Ärztin riet mir, die Anzahl der Stangyltropfen zu erhöhen, um meine Angst zu dämpfen. Ich stehe wohl unter großer Anspannung, weil wieder eine Therapie ansteht. Zwar fühlte ich mich nach jeder Sitzung ziemlich kaputt und ausgelaugt, aber dass das mit meiner psychischen Verfassung zusammenhängt, war mir gar nicht so bewusst. Nach den Sitzungen habe ich nur noch die Ruhe und Einsamkeit gesucht und war nicht mehr kommunikationsfähig. Heute ging es mir nach der Gruppentherapie etwas besser. Als die Therapeutin mich fragte, ob ich meine Geschichte erzählen möchte, habe ich nur den Kopf geschüttelt, ohne sie anzusehen. Ich hätte gar nicht gewusst, wo ich mit meiner Geschichte hätte beginnen sollen. Doch später habe ich mich überwunden, etwas in der Gruppe zu sagen. Das hat wohl ein wenig meine Anspannung gelöst. Trotzdem fühle ich mich von meiner Therapeutin beobachtet. Es ist ein Gefühl von Glasigkeit bzw. Nacktheit. Noch nie war mir so bewusst, dass ich durch mein Verhalten Aufschluss über mein Innerstes gebe.

Nun liege ich hier in der Sonne und lese ein Buch. Ein kleiner Schritt in eine gesündere Zukunft, wenn man von der Strahlenbelastung einmal absieht.

Montag, 9. Juni 2008

Gestern war meine Familie wieder hier. Ich hatte etwas Angst vor diesem Besuch, da es mir die letzten Tage nicht so gut ging. Samstagvormittag habe ich mich bei Tanja am Telefon ausgeheult. Ich habe ihr von meiner Ungeduld wegen des langsamen Genesungsprozesses meiner Krankheit erzählt. Auch mein schlimmes Heimweh nach meiner Familie war Thema des Telefonats. Danach ging es mir dann etwas besser.

Der Sonntag verlief besser als erwartet, auch wenn mir zwischendurch wieder verstärkt schwindlig wurde und ich mich etwas hinlegen musste. Die Kinder waren sehr lieb und haben sich sehr gefreut mich wiederzusehen. Ich habe sie fest in meine Arme geschlossen und hätte sie am liebsten nicht mehr losgelassen. Aber sie hatten ja so viel zu erzählen. Ihre Erzählungen kamen mir wie aus einer anderen Welt vor. Meine Welt zu Hause ist für mich stehen geblieben; nun bin ich hier in der Klinik, um mich selbst zu finden. Während des Besuches fand ich noch Zeit, mit Günter ein Gespräch über mögliche Veränderungen in unserem Leben zu führen. Zum einen hätte ich gerne einen Abend in der Woche, um unsere Paarbeziehung wieder aufleben zu lassen. Dann könnte die Oma zu den Kindern kommen und sie ins Bett bringen. So hätten wir mal Zeit zu zweit, um etwas Schönes zu unternehmen. Günter war ganz begeistert von dieser Idee. Darüber bin ich unendlich froh. Beim Abschied hatte Günter mit den Tränen zu kämpfen, mir dagegen ging es recht gut. Ich weiß, dass es der einzige Weg aus meiner Krankheit ist, wenn ich hier bleibe und ganz viel Zeit mit mir selbst verbringe. Zu Hause wäre der Heilungsprozess wesentlich langsamer, denn dort kämen so viele alltägliche Aufgaben und die Verantwortung für die Familie wieder auf mich zu.

Ich möchte mich wieder mehr künstlerisch betätigen. Hier in der Klinik habe ich gemerkt, wie viel Ruhe und Kraft mir das Malen gibt. Außerdem macht es mir viel Spaß. Ich habe mir auch die Gitarre von zu Hause mitbringen lassen. Wenn ich Gitarre spiele, kann ich meinen Gefühlen freien Lauf lassen. Meistens suche ich mir ruhige und gefühlvolle Lieder aus, die viele schöne Erinnerungen in mir auslösen. Ich bin froh, dass ich ein Instrument gelernt habe. Es ist eine weitere Möglichkeit für mich, meine Gefühle auszudrücken.

In den letzten Tagen ist mir nochmals bewusst geworden, dass ich eine Vorbildfunktion gegenüber meinen Kindern habe. Ich gebe meinen Kindern ein positives Beispiel im Umgang mit meiner Krankheit. Bevor ich mich für die Klinik entschied, habe ich mit vielen Bekannten zu Hause gesprochen, die ähnliche psychische Probleme hatten. Sie alle haben mich darin bestärkt, in eine Klinik zu gehen und professionelle Hilfe in Anspruch zu nehmen. Diese schwere Krise eröffnet mir einen neuen und erweiterten Blickwinkel für das Leben, die Menschen um mich herum und für mich selbst.
Auch mein Glaube schenkt mir Kraft und Hoffnung in dieser schweren Zeit. Heißt es nicht, dass gerade in den schweren Zeiten des Lebens Gott einen auf seinen Händen trägt?

Dienstag, 10. Juni 2008

Heute bin ich drei Wochen hier. Die letzten Tage ging es mir etwas besser. Heute Morgen war ich ganz schön angespannt, weil ein Arzttermin und ein psychologisches Gespräch vor mir lagen.

Aber es lief alles ganz gut. Meine eigenen Stärken waren wieder das Thema der Sitzung. Die Therapeutin bestärkte mich sehr darin, meine Stärken auszuleben. Was ist nur in den letzten Jahren mit mir passiert? Ich bin immer weiter von meinem eigenen Weg abgedriftet und habe zum Schluss nur noch funktioniert. Ich habe mich selbst völlig aus den Augen verloren. Durch den Hausbau vor zehn Jahren fing das alles an. Über ein Jahr lang habe ich nur für die Arbeit in der Schule und die fast tägliche Arbeit auf dem Bau gelebt. Sonntags war dann mein Ruhetag, an dem ich meinen Unterricht für die Schule vorbereitete und Klassenarbeiten korrigierte. Wenn dann noch Zeit blieb, bin ich nachmittags völlig erschöpft auf der Couch eingeschlafen. Es hat Spaß gemacht, mit den Männern auf dem Bau zu arbeiten, aber ich musste mir auch ständig beweisen, dass ich als Frau genauso gute Arbeiten verrichten kann wie die Männer. Abends saß ich dann mit massiven Rückenschmerzen auf der Couch.

Knapp zwei Jahre später kam dann Hannah auf die Welt. Sie war ein süßes, aber auch anstrengendes Baby. Tagsüber hat sie in den ersten Monaten meist nur 25 Minuten an einem Stück geschlafen. Kaum hatte ich mit einer Hausarbeit begonnen, forderte das Baby wieder meine Aufmerksamkeit. Als Hannah 15 Monate alt war, habe ich wieder mit der Arbeit begonnen. An einer Grundschule habe ich dann ein erstes Schuljahr übernommen. Wenn ich mittags aus der Schule kam, hatte Hannah bei meinen Eltern bereits gegessen. Ich brauchte sie nur noch zum Mittagsschlaf in ihr Gitterbettchen zu legen. Dann bin ich meist auch völlig müde auf der Couch eingeschlafen. Am späten Nachmittag habe ich meinen Unterricht wieder vorbereitet und mich anschließend um den Haushalt gekümmert. Ein Jahr später kam Robin auf die Welt. Nach Robins Geburt blieb ich fast vier Jahre zu Hause. Diese Zeit

habe ich vor allem für meinen Sohn gebraucht, da er in den ersten drei Lebensjahren häufig krank war. Im Zwei- bis Drei-Wochen-Rhythmus hatte er mit einem neuen Infekt zu kämpfen. Als er dann mit zwei Jahren und sechs Monaten nicht anfing zu sprechen, wurde ein beidseitiger Paukenerguss bei ihm festgestellt. Ein schlechtes Gewissen überkam mich. Warum war mir nicht schon früher aufgefallen, dass er kaum etwas hörte? Hoffentlich würde er keine bleibenden Schäden davontragen. Mit drei Jahren wurde er dann operiert und mit Röhrchen im Trommelfell versehen. Innerhalb von wenigen Wochen begann er mit dem Sprechen und machte gewaltige Entwicklungsschübe. Nach dieser OP wurden die Infekte weniger und somit auch meine Belastung. Mittlerweile ging Robin in den Kindergarten und ich hatte den Vormittag für mich. Vier Monate lang konnte ich mir den Vormittag selbst gestalten. In dieser Zeit ging ich viel walken und einmal in der Woche zum morgendlichen Turnen des Sportvereins.
Nach den Sommerferien begann dann ein starker Stress für mich. Ich ging an zwei Vormittagen arbeiten, an einem Vormittag besuchte ich mit Robin die Logopädie, einen Vormittag wurde geputzt und den letzten Vormittag verbrachte ich mit Einkaufen. Ausgebucht. Nachmittags standen dann noch vier Termine bei Hannah und zwei Termine bei Robin an. Meine eigenen Termine bleiben dabei unerwähnt. Zudem habe ich noch eine Ausbildung zur Übungsleiterin im Bereich Breitensport absolviert, wobei ich an neun Wochenenden in einem 50 km entfernten Ort die Schulbank gedrückt habe. Zudem standen noch zwei praktische Prüfungsstunden und eine schriftliche Prüfung auf dem Plan. Als ich alles hinter mich gebracht hatte, war es fast Weihnachten. In dieser Zeit habe ich einiges an Kilos verloren.
Im neuen Jahr hatte ich ein Kindergartengespräch mit den Erzie-

herinnen wegen Robins Entwicklung. Sie machten sich Sorgen um seine altersgerechte Entwicklung, sodass mich die Kinderärztin zur Uniklinik nach Mainz schickte. Ein paar Tage nach dem Gespräch im Kindergarten fingen meine Symptome an. Ein starker Schwindel, ständige Müdigkeit und Angst sollten für die nächsten sechs Monate mein Leben bestimmen. Auslöser meiner Depression war wohl das Kindergartengespräch, aber angebahnt hat sich meine Krankheit schon lange vorher. Ständige Überforderungen und ein voller Terminkalender bestimmten mein Leben, das fast nur noch nach meiner Arbeit und meinen Kindern ausgerichtet war. Für mich selbst blieb überhaupt keine Zeit mehr. Es sollte noch Monate dauern, bis ich selbst zu der Erkenntnis gelangte, dass ich an einer Depression erkrankt war.

Mittwoch, 11. Juni 2008

Ich sitze hier in der warmen Sonne und genieße die Sonnenstrahlen. Es entspannt mich sehr. Eine meiner Therapien könnte das Sonnenbad sein. So allmählich gewöhne ich mich an den Alltag hier in der Klinik. Ich bin mittlerweile froh, hier sein zu können. Es ist für mich eine große Chance, etwas in meinem bisherigen Leben zu ändern. Auch wenn mein Leben zurzeit von so vielen unglücklichen und traurigen Stunden bestimmt wird, gibt es auch Sonnenstunden in meinem Leben. Durch die Gespräche mit den Ärzten und Therapeuten ist mir wieder einmal klar geworden, wie wichtig meine Vorbildfunktion für meine Kinder ist. Nur wenn ich meinen Kindern das vorlebe, was ich in meiner Ganzheit bin, kann ich wirklich einen Erziehungsbeitrag leisten. Meine jetzt noch verschütteten Seiten, wie die musikalische und künstleri-

sche, können auch für sie eine Bereicherung sein. Nicht nur die leistungsbezogenen Aktivitäten sind in unserem Leben wichtig, um glücklich zu sein, sondern auch die musischen Fähigkeiten. Das eher leistungsorientierte Leben bekommen sie schon von ihrem Vater vorgelebt, sowohl im beruflichen als auch im sportlichen Bereich.
In der Psychotherapie gestern hat mich die Therapeutin zum wiederholten Mal ermutigt, meine Wünsche und Träume zu leben, um mehr zu mir selbst zu finden. Durch dieses Gespräch kamen mir viele Erinnerungen aus meiner Jugendzeit. Damals war ich lebendig gewesen und wollte die Welt erobern. Das Gefühl nochmals in Erinnerung zu bringen hat mich enthusiastisch gestimmt. Gestern Nachmittag bin ich dann losgewandert, um das Freibad außerhalb der Stadt zu suchen. Dabei habe ich mich so richtig glücklich gefühlt. Endlich habe ich wieder eine Lebendigkeit in meinem Inneren gespürt. Auch wenn ich mir Blasen an den Füßen gelaufen habe, war es ein sehr schöner Nachmittag für mich. Es ist ein kleiner Erfolg in meiner Therapie, mich wieder ein kleines Stück mehr zu spüren. Es wird noch ein langer Weg für mich werden, aber ein guter Anfang ist gemacht.

Freitag, 13. Juni 2008

Da meine Symptome, der Schwindel und die schweren Augenlider, nach wie vor da sind, wird mein nächster Weg sein, meine Krankheit mit ihren Symptomen anzunehmen und nicht gegen sie anzukämpfen. Ich sage mir, es ist das Wesen meiner Depression, dass ich immer wieder diese Symptome habe. Ich muss versuchen, damit zu leben. Nach dem letzten Gespräch mit meiner Ärztin meinte sie, dass die Symptome auch noch bis zu zwei Jahre anhalten könnten. Durch die Symptome signalisiert mir mein Körper, dass ich langsamer machen, mir mehr Zeit für mich zugestehen und mir einen neuen Weg im Leben suchen muss. Wenn ich mich mit meiner Erkrankung und den möglichen Ursachen auseinandersetze, werden meine Symptome stärker. Zudem unterliege ich großen Stimmungsschwankungen, mal fühle ich mich enthusiastisch, voller Leben und Abenteuergeist und dann falle ich wieder in eine starke Resignation. Ich finde es sehr schwierig und anstrengend, mich darin zu fügen. Am besten geht es mir, wenn ich es einfach geschehen lasse. Die Tiefe meiner Depression ist nicht mehr so stark wie am Anfang meines Zusammenbruchs. Vielleicht helfen mir ja die Tabletten dabei, nicht mehr in ein so tiefes Loch zu fallen.

Eine Patientin erzählte mir nach der gemeinsamen Gruppentherapie von ihrem Heilungsprozess aus der Depression. Sie verglich es mit dem Bild von einem Sägeblatt. Der Heilungsprozess verlaufe langsam, wobei sich die guten Phasen mit denen der Niedergeschlagenheit und Dunkelheit abwechseln würden. Die schlechten Phasen würden jedoch mit der Zeit in ihrer Intensität geringer werden. Ich finde dieses Bild von dem Sägeblatt sehr anschaulich und kann mich selbst darin wiederfinden.

Wenn ich über mich selbst nachdenke, spüre ich immer wieder, dass ich ein Naturmensch bin. Ich fühle mich wohl in der Eifel. Aber darüber hinaus brauche ich noch mehr: ein mehr an Freiheit, Abenteuer, Selbstfindung und Highlights. Anstreben muss ich eine Art von Balance zwischen Stetigkeit, Geborgenheit sowie Abenteuergeist; für mich bedeutet das in einem gesicherten

Rahmen die Welt zu entdecken und das Leben zu genießen. Momentan befinde ich mich damit in einem Ungleichgewicht. Was in den letzten Jahren in meinem Leben gezählt hat, waren das Ausüben von häuslichen Arbeiten und das Versorgen der Kinder. Doch nun sind die Kinder größer geworden und ich habe wohl den Zeitpunkt des Absprungs verpasst. Die neuen Aktivitäten, die ich in der letzten Zeit begonnen habe, waren wiederum auf meine Kinder ausgerichtet. So habe ich die Kinderturngruppe meines Sohnes übernommen und dafür eine Übungsleiterausbildung gemacht. Ich bin im Familiengottesdienstkreis tätig und leite die Faschingsgruppe von Hannah. Dann habe ich mich letzten Sommer zur Klassenelternsprecherin wählen lassen. Überall verspürte ich das Bedürfnis mitzumischen mit dem Ziel, meine Kinder bestmöglich zu fördern und zu unterstützen. Auch fand ich hier eine Möglichkeit, mich selbst darzustellen. Aber warum habe ich all diese Aktivitäten begonnen? Wo bin ich dabei geblieben? Wer kümmert sich um mein Wohlbefinden, wenn nicht ich selbst!

Während der Veranstaltungen zur progressiven Muskelrelaxation nach Jacobson liest die Leiterin dieses Kurses immer in der letzten Übungsphase eine kurze Geschichte, ein Gedicht oder einen Spruch vor. Heute zitierte sie einen Satz von Goethe: »Wer kann mit mir schon Geduld haben, wenn nicht ich selbst.« Dieser Satz hat mich beschäftigt. Ich glaube, es steckt sehr viel Lebensweisheit darin. Jedoch muss der Sinn dieses Satzes erst einmal auf fruchtbaren Boden fallen, um zu reifen. Ich bin zurzeit dabei, den fruchtbaren Boden vorzubereiten. Es ist eine sehr mühevolle Arbeit. Das Aufschreiben meiner Gedanken leistet mir dabei große Dienste. Es ist für mich zu einer Eigentherapie geworden.

Sonntag, 15. Juni 2008

Nach dem Frühstück habe ich den Morgen mit Qigong begonnen. Eine Mitpatientin hat uns gestern beim Walken und auch heute Morgen angeleitet. Es hat Spaß gemacht und war beeindruckend, wie viel Energie man daraus schöpfen kann. Zu Hause muss ich unbedingt mit Yoga beginnen. Qigong wird, so glaube ich, bei uns nicht angeboten. Anschließend habe ich meine Lieblingslieder von Reinhard Mey auf meiner Gitarre gespielt. Es ist sehr wohltuend und zudem bietet es mir auch die Möglichkeit, meine Gefühle zum Ausdruck zu bringen. Es erfüllt mich mit Zufriedenheit und schenkt mir eine innere Ruhe.
Für heute habe ich das Walken abgesagt, da ich mich nicht zu sehr auspowern will, bevor meine Familie zu Besuch kommt. Ich freue mich schon riesig darauf und möchte in Ruhe die Vorfreude spüren sowie die Begrüßung in vollen Zügen genießen. Aus diesen wöchentlichen Besuchen schöpfe ich eine große Kraft und die Zuversicht, dass ich die kommenden Wochen meistern werde.

Nun aber sitze ich hier auf einem Stuhl am Bach, lasse die Sonne auf mein Gesicht scheinen, höre dem Vogelgezwitscher und dem Geplätscher des Wassers zu und freue mich auf den bevorstehenden Besuch meiner Familie.

Abends, 22.30 Uhr

Noch zwei Dinge, bevor ich schlafen gehe:
Was ich hier in der Klinik wieder lieben gelernt habe, ist das Fernsehen mit seinen lustigen Komödien. Dabei kann ich dann einfach von ganzem Herzen lachen.
Immer abends, bevor ich einschlafe, nehme ich das kleine Kreuz

meiner Tochter in die Hand. Sie hat mir ihr Einschulungskreuz am Tag meiner Abreise mitgegeben. Es solle mich beschützen, so meinte sie. In den ersten Tagen habe ich mir das Kreuz umgehängt. Und immer, wenn ich mich dann furchtbar traurig und verlassen fühlte, habe ich es in die Hand genommen und an meine Liebsten zu Hause gedacht. Es hat mir wieder Kraft gegeben. Häufig habe ich auch einfach nur meinen Tränen freien Lauf gelassen. Doch das hat sich zum Glück gebessert. Es kommt immer seltener vor, dass ich völlig fertig hier im Zimmer sitze und heulend einige Stunden des Tages verbringe.
In den letzten Wochen ist mir aufgefallen, dass mir das Gespräch mit Gott ganz wichtig ist. Besonders abends nehme ich mir die Zeit, um Hannahs Kreuz in die Hand zu nehmen und ein Gespräch mit Gott zu führen. So beende ich dann den Tag.

Montag, 16. Juni 2008

Heute Vormittag war meine Erkrankung das Thema in der Gruppentherapie. Während ich den anderen Mitpatienten meine Geschichte erzählte, war ich innerlich sehr angespannt und nervös. Die anschließenden Rückmeldungen der Gruppe waren für mich nicht so gewinnbringend. Sie konnten wohl wenig mit meiner Erzählung anfangen und sich gedanklich dort einfügen. Doch die Zusammenfassung meiner Problematik durch die leitende Psychotherapeutin hat mir Klarsicht und einen tieferen Einblick in mein Leben verschafft. Sie hat mein Problem auf den Punkt gebracht. In meiner Kindheit und Jugend sowie als junger Erwachsener habe ich zwei verschiedene Leben kennen gelernt. Ich bin im dörflichen Leben aufgewachsen und habe durch Ausbildung und

Studium auch das städtische Leben kennen gelernt. Dann bin ich nach meinem Studium wieder aufs Land zurückgekehrt und habe versucht, mich hier voll und ganz zu integrieren. Dabei habe ich mich durch das eher konservative Leben im Dorf sehr beeinflussen lassen. Außer Acht gelassen habe ich dabei meine eigenen Interessen und Wünsche. Ich habe einen Teil von mir selbst dabei verloren. Nun muss ich zu mir selbst zurückfinden.

Dienstag, 17. Juni 2008

Heute hat die Ärztin mir eine neue Hausaufgabe gestellt. Die Frage, die ich bildnerisch zu beantworten habe, lautet: »Wo nehme ich die Nahrung für mein Leben her?« Dabei ist mir spontan das Bild von einem Baum eingefallen, der sich mit seinen starken Wurzeln tief in der Erde verankert. Nur, welche Nahrung nehme ich auf?
Die Nährstoffe für mein Leben sind:

- meine Familie: Günter, Hannah und Robin
- meine Ursprungsfamilie: Mama und Papa, meine zwei Schwestern
- meine engsten Freundinnen
- gute Bekannte, mit denen ich auch über meine Krankheit sprechen kann
- mein Berufsleben
- sportliche Aktivitäten: Fitness-Studio, Spaziergänge
- Ruhepunkte in meinem Leben: Bücher lesen, Gitarre spielen und singen, Sonnenbäder, am Teich sitzen und der Natur lauschen, Bilder malen, Spaziergänge machen, Sauna

Also habe ich einen Baum mit Wurzeln gemalt und darunter die einzelnen Nährstoffe geschrieben.

Mittwoch, 18. Juni 2008

Heute war ich im Verwaltungsbüro der Klinik und habe mich nach dem Genehmigungszeitraum meiner Krankenkasse für den Aufenthalt hier in der Klinik erkundigt. Die Krankenkasse hat mir vorerst eine Kostenzusage bis zum 4. Juli erteilt. Meinem momentanen Gefühl nach könnte ich es bis dahin vielleicht schaffen, um dann gestärkt nach Hause zu gehen. Meinen letzten emotionalen Tiefgang hatte ich vor einer Woche. Seitdem bin ich ziemlich stabil. Wenn das so anhält, könnte es vielleicht klappen. Da Günter dann Urlaub eingereicht hat, hätten wir noch eine gemeinsame Zeit für uns. Vielleicht können wir dann auch noch etwas Schönes zusammen unternehmen. Jetzt kann ich zunächst nur abwarten, wie sich mein psychischer Zustand entwickelt.

Donnerstag, 19. Juni 2008

Heute Nachmittag war mir wieder etwas schwindeliger. Ich weiß zwar nicht so genau, was die Ursache dafür war, aber der 4. Juli als Abreisetag macht mir schon etwas Druck. Dann würde mein Aufenthalt in der Klinik insgesamt sechseinhalb Wochen dauern.
Mir geht es zwar schon besser, aber es fehlt auch noch einiges. Heute Abend will ich nur noch meine Ruhe haben. Seit einigen Tagen lasse ich meist das Telefon klingeln oder ziehe einfach den Stecker aus der Dose. Ich habe keine Lust und Kraft, jedem, der mich anruft, von meinem momentanen Gemütszustand zu erzählen.

Montag, 23. Juni 2008

Heute Nachmittag habe ich wieder in der Sonne gelegen und relaxt. Ich hatte einfach Lust dazu und das Wetter war gut. Eine Mitpatientin, Astrid, die auch bei mir am Tisch sitzt, hat mir heute ihre Geschichte erzählt. Während des Gespräches ist mir wieder einmal bewusst geworden, was für eine schöne Kindheit und Jugend ich hatte. Ich bin von meinen Eltern geliebt worden und sie waren immer für mich da, wenn ich sie brauchte. Astrid hingegen ist bei ihrer Großmutter aufgewachsen, zu der sie kein besonders gutes Verhältnis hatte. Ihre Eltern haben sich nach ihrer Geburt nicht um sie gekümmert. Ihr Vater hat nie Kontakt zu ihr aufgenommen, die Mutter nur sporadisch. Ihre Tante war eine Art Muttterersatz für sie geworden, jedoch reagierten ihre Cousinen eifersüchtig und hänselten sie, weil sie wie ein Waisenkind aufwachsen musste. Um dieses Trauma zu überwinden, bedarf es wohl noch viel Zeit und Mühe vonseiten der Patientin.

Mein Abreisetermin steht nun fest. Ich habe mich dazu entschlossen, am 4. Juli abzureisen. Nächstes Wochenende habe ich ein »Belastungswochenende«, so nennen sie das hier in der Klinik. Ich darf für zwei Nächte nach Hause. Dann werde ich sehen und fühlen, wie es mir dabei geht. Anschließend bin ich noch für fünf Tage in der Klinik und reise, wenn alles gut verläuft, Freitag ab. Momentan bin ich ziemlich stabil. Ich führe es darauf zurück, dass ich zum einen medikamentös eingestellt bin und zum anderen den Kern meiner Depression erkannt habe. Jetzt liegt es an mir, etwas daraus zu machen. Ich habe viele gute Vorsätze. Mal schauen, inwieweit ich sie umgesetzt bekomme. Ich freue mich, dass es mir mittlerweile so gut geht und ich das Leben wieder genießen kann.

Am letzten Samstag war ich mit Astrid und Herbert, meinen zwei Tischgenossen, nach Frankfurt zum Straßenfest in der Schweizer Straße. Ich habe es in vollen Zügen genossen und wäre am liebsten noch bis in den Abend hinein dageblieben. Das städtische Leben hat auch seinen Reiz, besonders wenn man es mit zwei netten Mitpatienten genießen kann. Ich habe hier in der Klinik ein paar richtig nette Leute kennen gelernt. Mit drei meiner Tischnachbarn verbringe ich immer mal wieder meine Freiphasen hier in der Klinik. Mit Astrid und Herbert gehe ich häufiger walken und lege zwischendurch eine Qigongübung ein. Auch abends sitzen wir häufig noch nach dem Abendessen am Tisch und sprechen über Gott und die liebe Welt.
Mit Simon habe ich auch schon einige Gespräche geführt. Er ist mit mir zum Schwimmbad gefahren, da er alleine häufig Panikattacken bekommt. Außerhalb der Klinik bewegt er sich nur mit seinem Notfallrucksack, sprich Beruhigungsmedikamenten und sonstigem Zubehör. Mehr als 500 Meter zu Fuß außerhalb der Klinik sind für ihn nicht mehr machbar. Bei größeren Entfernungen fährt er mit dem Bus oder nimmt sich ein Taxi. Ich glaube, die meiste Zeit verbringt er in seinem Zimmer.

Mittwoch, 25. Juni 2008

Ich sitze hier draußen auf der Liege; es ist bedeckt, aber schwülwarm. Für den heutigen Tag habe ich mir einiges vorgenommen. Nach der Gruppentherapie und dem Arztgespräch gehe ich ins Freibad. Vielleicht kommt Simon mit. Heute Abend werde ich zum ersten Mal zum meditativen Malen gehen. Leider war die Kunsttherapeutin bis jetzt erkrankt. Morgen Mittag kommt Günter zum

Paargespräch in die Klinik. Den Nachmittag werden wir dann gemeinsam in der Stadt verbringen. Also, einige Highlights und viel Aufregung für heute und morgen. Mal sehen, wie mir das bekommt.
Momentan geht es mir recht gut. Mein Schwindel ist nur noch gelegentlich da, aber eine leichte Müdigkeit über den Augen habe ich immer noch. Diese körperlichen Symptome meiner Depression werden wohl nur ganz langsam verschwinden. Wichtig ist, dass es mir zurzeit viel besser geht und ich auf einem guten Weg bin.

Gestern habe ich in der Einzeltherapie meine Eifersucht angesprochen. Ich bin ein recht eifersüchtiger Mensch. Im Laufe der Beziehung mit meinem Mann weiß ich nicht, wie sehr ich bewusst oder unbewusst unsere Ehe und mich selbst durch diese Eifersucht eingeengt habe. Ein weiteres Thema der Therapie war mein ständiges Streben nach Arbeit und Leistung. Dieses Verhalten hat wohl seinen Ursprung in meiner Kindheit und somit in der Elternerwartung an uns Kinder. So habe ich zum Beispiel fast jeden Tag beim Hausbau mitgearbeitet. Der erste Weg, mich von der Elternerwartung zu lösen, ist, dass ich sie mir zunächst einmal bewusst mache. Meine Eltern sind eine andere Generation als ich. Sie finden ihre Erfüllung fast ausschließlich in körperlicher Arbeit. Ich jedoch habe durch meine schulische Laufbahn ein anderes Leben kennen und lieben gelernt. So kann ich das elterliche Vorbild nicht einfach nachahmen. Ich muss mein eigenes sinnerfülltes Leben finden und lernen, mich selber wieder zu spüren und meine eigenen Bedürfnisse wahrzunehmen. Nur dann kann ich ein glückliches und sinnerfülltes Leben führen. Ich muss mich von den konservativen Vorstellungen um mich herum befreien und meinen eigenen »Selbstwert« erkennen. Ansonsten übernehme ich

weiterhin unreflektiert die Lebensweisen meines direkten Umfeldes. Aber will ich so ein kopiertes Leben meinen Kindern auch vorleben? Sie sollen mich kennen lernen, so wie ich tief in meinem Inneren bin. Sie sollen spüren, wer ihre Mutter wirklich ist und das Eigene an mir erkennen. Vielleicht haben sie ja Eigenschaften von mir geerbt, die auch in ihnen selbst stecken. Indem ich sie ihnen vorlebe, können sie sie auch leichter bei sich entdecken und eventuell entfalten. Auch Günter hat mich vor 20 Jahren anders kennen gelernt. Ich möchte nicht so angepasst sein, sondern mein eigenes Ich ausleben. Ich möchte, dass unsere Ehe wieder auflebt und sie mit mehr Gefühlen füllen. Sie soll nicht nur eine gut funktionierende Partnerschaft sein, sondern ich wünsche mir eine lebendige Beziehung. Nur dafür muss ich erst zu mir selbst finden. Außerdem braucht es im alltäglichen Leben einiges an Zeit, um ein ausgeglichenes Leben führen zu können. Es ist wohl ein sehr hohes Ziel, das ich da anstrebe. Aber ich spüre tief in meinem Inneren eine Kraft, die mir auf dem Weg dorthin helfen kann. Es wird wohl Jahre dauern, bis ich ohne bewusstes Lenken mein Leben ausbalanciert habe. Aber auch dann wird es immer wieder heißen: Schau dir dein Leben genau an! Ist es wirklich so, wie du es dir vorgestellt hast? Kommst du nicht wieder einmal zu kurz dabei? Spürst du noch dich selbst oder ist ein Stück von dir auf deinem Lebensweg verloren gegangen?
Das eigene Leben nicht mehr aus den Augen verlieren, sich selbst finden und verwirklichen, das ist die oberste Maxime.

Donnerstag, 26. Juni 2008, morgens

Wie fühle ich mich heute? Ich bin innerlich leicht erregt und zittrig. Auch habe ich wieder eine leichte Müdigkeit über den Augen. Durch die vielen Ruhephasen und die vielen Stunden mit mir alleine gelingt es mir, meinen Kopf frei zu bekommen. Den Alltag habe ich zu Hause gelassen und damit auch den Stress, den Kummer und die Sorgen. Hier zähle nur ich allein. Ich darf es mir gut gehen lassen.

Gestern in der Gruppentherapie haben wir über das Thema »Eifersucht« gesprochen. Ich habe von meiner Eifersucht erzählt. Die Therapeutin meinte, dass »Eifersucht« auch im positiven Sinne gesehen werden könnte. »Eifersucht« kann bedeuten, dass da noch eine Flamme brennt; es glüht noch ein Feuer, das wieder entflammt werden kann. Ich bin mir sicher, dass Günter und ich noch starke Gefühle füreinander empfinden.

Nach der Therapie bin ich mit Simon ins Freibad gefahren. Danach sind wir noch in ein Café eingekehrt und haben uns unterhalten. Aus seiner Sicht als Mann, so meinte Simon, übertreibt die Mutter gerne in der Fürsorge für ihre Kinder. Als ich dann von meinen vielen Terminen mit den Kindern erzählte, meinte er, dass manchmal auch weniger mehr sei. Da habe ich unsere Situation zu Hause noch mal überdacht und mir überlegt, welche Termine sich streichen lassen könnten.

Montag, 30. Juni 2008

In den letzten vier Tagen ist viel passiert. Donnerstag hatte ich zuerst Einzeltherapie bei der Kunsttherapeutin und anschließend ein

Paargespräch mit Günter und der Psychotherapeutin. Beides war sehr aufschlussreich. Bei der Kunsttherapie kam ein interessanter Ansatz heraus: Ich hasse die Farbe rot. Die Therapeutin fragte mich, was ich mit dieser Farbe in Verbindung brächte. Meine Antwort war: Aggression, Gewalt, Blut, starke Gefühle. Die Therapeutin übertrug meine Äußerungen auf mein Leben. Für mich könnte das bedeuten, dass ich Angst vor starken Gefühlen hätte. Ich würde mich zurückziehen, um nicht verletzt zu werden.
Dieser Ansatz ist während meiner Einzel- und Gruppentherapie noch nicht erarbeitet worden. In der Kunsttherapie wird wohl in den nächsten Stunden daran weitergearbeitet werden.

Anschließend hatten wir dann das Paargespräch. Günter hat sehr viel über mein Inneres erfahren. Vielleicht konnten dadurch seine eigenen Ängste gemildert werden. Nach dem Gespräch sind wir noch spazieren gegangen und haben uns unterhalten.

Am Freitag bin ich dann mit dem Auto nach Hause gefahren. Über den kurzen Aufenthalt zu Hause habe ich mich sehr gefreut, aber ich hatte auch gemischte Gefühle bei der Sache. Es war ja ein »Belastungswochenende«. Ich stellte mir immer wieder die Frage, ob ich das alles zu Hause schaffe oder ob die Welt über mir zusammenbricht. Als ich zu Hause ankam, kam mir mein eigenes Zuhause fremd vor. Ich habe mich in meinen eigenen vier Wänden wie ein Fremder gefühlt. Das Haus war geputzt und Günter hatte auch den Rasen gemäht. Eigentlich alles perfekt. Ich bin dann auch meine Eltern besuchen gegangen. Zuerst wollte ich für die 500 Meter Entfernung das Auto nehmen, damit mich keiner der Dorfleute sehen und womöglich auch noch ansprechen würde. Dazu hatte ich überhaupt keine Lust und auch keine Kraft. Doch dann habe ich mich durchgerungen und bin zu Fuß gegangen. Ich bin ja schließlich nicht auf der Flucht. Zum Glück ist mir niemand begegnet. Nach der ersten Nacht zu Hause habe ich mich ein bisschen besser gefühlt. Aber nach dem Frühstück war ich wieder so platt, dass ich mich für anderthalb Stunden ins Bett gelegt und geschlafen habe. Wach geworden bin ich von lautem Kindergeschrei. Am liebsten hätte ich mir die Decke über den Kopf gezogen oder mich in mein Zimmer in der Klinik zurückgewünscht. Doch an Flucht war nicht mehr zu denken. Robin kam mit einer Spielgefährtin in mein Zimmer und sagte freudestrahlend: »Siehst du, meine Mama ist wieder zu Hause.« Als Beweis dafür musste ich mir ein Lächeln herbeizwingen. Als ich mich anschließend ein wenig im Haushalt nützlich machte, fühlte ich mich allmählich besser. Der Sonntag verlief schon viel besser. Die Kinder haben sich riesig gefreut, dass ich für ein Wochenende zu Hause war. Insbesondere Robin konnte mir gut seine Gefühle zeigen. Immer wieder hat er mich umarmt und was Liebes gesagt. Aber auch Hannah hat sich einige Male an mich gekuschelt.

Die zwei Übernachtungen waren wichtig, da ich so mehr Zeit für die Eingewöhnung hatte. Ansonsten wäre ich in die Klinik zurückgefahren, ohne zu wissen, ob es mir daheim wirklich wieder gut geht. Zudem hatte ich die ganze Zeit Angst, dass der Schwindel und das Engegefühl in der Brust wieder auftreten würden. Aber es kam zum Glück nicht zurück.

Mittwoch, 2. Juli 2008

So allmählich geht hier mein Aufenthalt zu Ende. Ich freue mich schon riesig auf zu Hause, wenn auch mit gemischten Gefühlen.

Rückblickend habe ich in den letzten sechs Wochen hier in der Klinik viel Kraft auftanken können. So gehe ich voller Enthusiasmus mit neuen Ideen und einem neuen Lebensgefühl nach Hause. Hoffentlich hält es lange an. Ich weiß, dass ich an mir arbeiten muss. Meine Probleme sind nur angekratzt worden. Um diesen Kern herum befinden sich noch viele Schichten, die zuerst offengelegt und dann neu überdacht und bearbeitet werden müssen. Dafür werde ich bei meiner Psychotherapeutin zu Hause mit einer tiefenpsychologischen Therapie beginnen, voraussichtlich nach den Sommerferien. Die Kunsttherapie, die ich hier in der Klinik begonnen habe, könnte ich bei derselben Therapeutin in Mainz fortsetzen. Aber der weite Fahrweg und der damit verbundene Stress halten mich davon ab.
Heute Morgen wurde ich in der Gruppentherapie von den einzelnen Teilnehmern verabschiedet. Als Abschiedszeremonie durfte jeder der Teilnehmer meine Person charakterisieren. Dazu stellte die Therapeutin vier verschiedene Zettelstapel zur Verfügung, auf denen stand: Feuer, Erde, Wasser und Licht. Auf einem anderen Zettel wurden die vier Elemente durch entsprechende Charaktereigenschaften erläutert. Aus allen vier Bereichen haben die Teilnehmer Zettel ausgewählt. Auffallend war die mehrheitliche Entscheidung für das Element »Feuer«. Die neue Kraft, die ich zurzeit spüre, überträgt sich wohl auf meine Ausstrahlung. Alle Äußerungen waren recht positiv formuliert. Die Therapeutin fasste dann alle Aussagen zusammen und stellte fest, dass ich ein breit gefächerter Mensch mit vielen unterschiedlichen Interessen sei. Ich gehöre nicht zu den »Schmalspurmenschen«. Es war eine schöne Abschiedsrunde und ich empfinde Bedauern, dass ich nicht weiterhin die Gruppentherapie besuchen kann. Die Einzel- und Gruppentherapie haben mir viele neue Ansätze gebracht.

Zurzeit sitze ich im Park unter dem Schatten eines Baumes. Da heute der heißeste Tag des Jahres sein soll, ist die Hitze nur im Schatten eines Baumes erträglich. Selbst hier komme ich schon ins Schwitzen. So, jetzt lese ich noch ein bisschen in meinem Buch und dann träume ich noch eine kurze Weile vor mich hin. Carpe diem!

Freitag, 4. Juli 2008

Nach dem Frühstück habe ich mich von verschiedenen Leuten, mit denen ich in den letzten Wochen vermehrt zu tun hatte, verabschiedet. Die für mich zuständige Psychotherapeutin und die Ärztin haben mich fast täglich auf meinem Weg betreut. Immer war ein Ansprechpartner für meinen Kummer und meine Probleme da. Die Ärztin hat mich medikamentös eingestellt und darüber hinaus mir mit vielen Gesprächen zur Seite gestanden. Die Psychotherapeutin war sowohl in der Einzel- als auch in der Gruppentherapie immer für mich da. Sie hat eine verborgene Seite in mir wieder zum Erleuchten gebracht. Beim Küchenpersonal, das mir morgens meinen Tee gebracht und mittags mein Essen serviert hat, habe ich mich besonders bedankt. Auch der lieben Putzfrau, die täglich mein Zimmer gereinigt hat, habe ich als Dankeschön ein kleines Geldgeschenk überreicht. Den Krankenschwestern und dem Personal in der Physiotherapie habe ich auch viel zu verdanken. Besonders zu Beginn meines Aufenthaltes hier in der Klinik haben sie mir durch liebe Gespräche geholfen, mich besser zurechtzufinden. Das Personal in der Physiotherapie war immer zu Scherzen aufgelegt. Sowohl in der Einzelbehandlung als auch in den Turngruppen war eine angenehme Atmosphäre zu spüren.

Ich bin immer gern zu den Anwendungen oder in das dreimal wöchentlich stattfindende Turnen in den Gruppen gegangen.
Am Schluss habe ich mich dann von meinen Tischnachbarn verabschiedet. Davon sind mir drei besonders ans Herz gewachsen. Wir haben unsere Adressen, Telefonnummern und E-Mail-Adressen ausgetauscht. Ich hoffe, dass wir noch längere Zeit in Kontakt bleiben.

Donnerstag, 10. Juli 2008

Ich sitze gerade zu Hause auf dem Steg am Teich und genieße wieder einmal die Sonnenstrahlen. Das Wasser plätschert vor sich hin. Ich glaube, ich werde noch ein Sonnenanbeter. Robin hat sich gerade zu mir gesellt und spielt mit einer Wasserschnecke im Teich. Es ist sehr friedlich hier.
Nun bin ich schon seit sieben Tagen zu Hause. Allmählich finde ich mich in meinem alten Leben wieder ein. Da Günter noch Urlaub hat und die Kinder Sommerferien haben, können wir den Tag mit viel Ruhe gestalten. Den Morgen verbringen wir, wenn die Kinder ausgeschlafen haben, mit einem leckeren Frühstück. Heute nach dem Frühstück haben Hannah und Robin zusammen gespielt. Ich habe an einem Keilrahmenbild für unser Bad weitergemalt und zwischendurch das Badezimmer neu dekoriert. Da unser Bad weiß-blau ist, habe ich vorzugsweise blaue Dekoration ausgewählt. Jetzt hat es einen stärkeren Wohlfühlcharakter; es ist gemütlicher geworden. Ich fühle mich einfach wohler darin. Es ist durch die vielen Grünpflanzen, eine blaue Schale mit Kerze, Sand, Muscheln usw. und weiteren Nippes wohnlicher geworden. Robin wollte sofort baden gehen, um dann die drei Kerzen anzünden zu

können, die jetzt im Bad verteilt herumstehen. Ich wundere mich darüber, wie doch kleine Veränderungen einen Raum in seinem Ambiente verändern können. Auffallend war auch, wie positiv die Kinder darauf reagiert haben.
Nachmittags waren die Kinder bei einer Koch- und Backveranstaltung der Ferienfreizeit des Sportvereins, sodass Günter und ich in Ruhe einen längeren Spaziergang machen konnten. Es ist einfach erholsam, auch mal ohne nörgelnde Kinder unterwegs zu sein. Zudem spüre ich immer wieder, wie gut mir die Bewegung tut und wie beruhigend die Natur auf mich wirkt.
Am Sonntagabend hatten wir unseren ersten Paarabend. Wir sind ins Los Stivale, in eine Pizzeria im nächsten Ort, gegangen und haben eine Kleinigkeit gegessen. Da Robin bei der Oma und Hannah bei ihrer Cousine geschlafen haben, konnten wir am nächsten Morgen ausschlafen.

Abends, 21.00 Uhr

Heute Nachmittag habe ich eine Auszeit für mich gebraucht. Nachdem Günter mich gefragt hat, ob ich mit zu seiner Mutter ins Krankenhaus fahren würde, habe ich seine Frage verneint. Früher hätte ich mich auf Biegen und Brechen ins Krankenhaus geschleppt, egal in welchem Gemütszustand ich mich befunden hätte. Hauptsache, man macht, was von einem erwartet wird. Doch heute versuche ich mehr auf mich zu achten. Die Auszeit am Nachmittag kam mir entgegen. Ich habe die Zeit genutzt, um ungestört in einem Roman weiterzulesen. Ich finde es unheimlich entspannend, mich in die Geschichte eines Romans zu versenken. Dann befinde ich mich in einer anderen Welt und kann mich vom Alltag völlig loslösen.
Noch gehe ich meinen Alltag recht ruhig an und versuche nur das Notwendigste zu tun. Das reicht fürs Erste auch. Meine Kraft ist

mit Sicherheit noch nicht so groß, dass ich den Alltag auf längere Zeit ohne Pausen bewältigen könnte. So lasse ich viele Dinge einfach liegen, die nicht dringend erledigt werden müssen. Da Günter noch Urlaub hat, hilft er mir im Haushalt. Er räumt die Spülmaschine aus, hängt die nasse Wäsche auf und deckt zwischendurch den Tisch ab. Wenn sein Urlaub vorüber ist, wird sich wohl einiges ändern. Mein Ziel ist es jedoch, dass wir am Wochenende den Haushalt gemeinsam erledigen. Auch die Kinder können allmählich stärker mit einbezogen werden.
Eine wichtige Erkenntnis ist mir heute zuteil geworden: Ich brauche immer wieder Auszeiten für mich ganz alleine. Wenn ich einfach nur die Stille genießen, ein Buch ungestört lesen oder faulenzen kann, gewinne ich unendlich an Kraft für den ganzen Tag.

Freitag, 11. Juli 2008

Nach dem wöchentlichen Putztag habe ich mich ins Gästebad begeben und nach Verschönerungsmöglichkeiten Ausschau gehalten. Ich habe geplant, auch hier ein wenig mehr Nippes und Grünpflanzen aufzustellen. Zudem beabsichtige ich ein Spiegelbild zu gestalten, das ich in einem Anleitungsbuch für Keilrahmen gesehen habe.

Freitag, 18. Juli 2008

Nun bin ich seit 15 Tagen wieder zu Hause. Es geht mir gut. Leider finde ich kaum Zeit, Notizen in mein Tagebuch zu schreiben. Der Alltag hat mich wieder fest im Griff, auch wenn ich ihn

noch langsam angehe. Immer wieder muss ich feststellen, dass ich mit Sehnsucht an die Klinik denke. Besonders gegen Abend habe ich häufig das Bedürfnis nach Ruhe. Dann wünsche ich mich in mein Zimmer in der Klinik zurück. Solche Sehnsucht kenne ich von keinem anderen Aufenthalt außerhalb meines Zuhauses. Immer war ich überglücklich, wenn ich nach dem Urlaub meine Koffer zu Hause wieder auspacken konnte.
Auch vermisse ich die vielen Leute mit ihren verschiedenen Charakteren, die netten Gespräche und die vielen Beschäftigungen ohne Haushaltscharakter. Doch am meisten sehne ich mich nach der unendlichen Ruhe, die mich umgeben hat, wenn ich sie brauchte. Es ist schon wahnsinnig, wie sich mein Empfinden verändert. In den ersten Wochen meines Klinikaufenthaltes bin ich vor der Ruhe geflohen. Nichts war bedrohlicher für mich, als mich alleine in mein Zimmer zu setzen und mich mit mir selbst auseinander zu setzen. Auch während der Spaziergänge hatten mich meine Ängste so eingenommen, dass ich nicht mehr weiterwusste. Doch heute bekommen mir gerade diese Stille und Einsamkeit und die wunderschönen Spaziergänge alleine durch den Wald. Meine Gedanken können sich frei entfalten, anstehende Probleme finden eine Lösung und mein Kopf wird wieder frei. Es hat sogar eine meditative Wirkung auf meine ganze Person. Mittlerweile löse ich mich immer wieder vom Alltag, wenn dies die Umstände erlauben, und mache mich alleine auf den Weg. Jede weitere Person würde mich bei meinen Spaziergängen nur stören. Dann entdecke ich auch hin und wieder kleine Wunder in der Natur: Eine Blume, die die Trockenheit überstanden hat, zaubert mir ein Lächeln auf die Lippen oder das Plätschern eines Baches im Wald stimuliert meine Sinne, sodass ich innehalte und über die Schönheit der Natur nur noch staunen kann.

Sonntag, 3. August 2008

Der heutige Tag hat mich in meinem Krankheitsverlauf ziemlich zurückgeworfen. Nach einem ausgiebigen Frühstück habe ich die alltäglichen Hausarbeiten erledigt. Nachmittags rief meine Freundin Tanja an. Während des Telefonats sprachen wir über den Schulbeginn am nächsten Tag. Oh, dachte ich, sind die Ferien schon vorbei? Obwohl Hannah am Montag wieder die Schule besucht und Robin in den Kindergarten geht, habe ich das Ende der Sommerferien wohl sehr verdrängt. Ich bin gedanklich noch zu sehr mit mir selbst beschäftigt, sodass ich weder Zeit noch Lust hatte, mich mit diesem Thema zu beschäftigen. Irgendwie, dachte ich wohl, findet sich alles von selbst. Da ich nur an zwei Tagen in der Schule unterrichte, fängt für mich die Arbeit erst am Mittwoch an. Die Vorbereitungen laufen natürlich schon früher. Aber während des Telefonats ging es mir kontinuierlich schlechter. Ich merkte, dass meine Stimmung immer weiter auf den Nullpunkt sank, sodass ich nur noch mit Mühe zuhören konnte. Nach dem Gespräch saß ich wie versteinert auf der Couch. Als Günter mich sah, fragte er mich, was denn mit mir passiert sei.

Jetzt, ein paar Stunden später, kann ich meine Reaktion schon eher deuten. Ich hatte eine Panikattacke und fiel anschließend wieder in die Depression. Die gleichen Symptome wie Anfang April stellten sich wieder ein. Ich war nicht mehr kommunikationsfähig und unfähig, am Nachmittag mit meiner Familie einen Ausflug zu machen. Zudem überkam mich wieder die Übelkeit, sodass ich keinen Bissen mehr essen konnte. Günter fuhr dann mit den Kindern alleine zum Minigolfplatz. Ich setzte mich an den Teich und starrte vor mich hin. Ich war völlig unfähig, irgend-

einen klaren Gedanken zu fassen. Nach zwei Stunden ging es mir allmählich wieder etwas besser.
Erschreckend finde ich meine Reaktion auf das Telefonat, da ich meine Gefühle nicht mehr kontrollieren konnte. Nun bin ich schon seit vier Wochen aus der Klinik entlassen. Mit einem Rückfall zu diesem Zeitpunkt hätte ich am allerwenigsten gerechnet. Nun hoffe ich, dass ich am nächsten Morgen wieder fit bin und keine Symptome mehr habe.

Montag, 4. August 2008

Heute Morgen ging es mir wieder so schlecht wie vor dem Klinikaufenthalt. Als ich aufwachte, war es mir übel und ich musste mich aufrappeln, um die Kinder zu versorgen. Ständig ging mir mein bevorstehender Berufseinstieg durch den Kopf. So konnte ich nicht wieder in der Schule anfangen. Mit meinen derzeitigen Symptomen wäre ich völlig überfordert mit den beruflichen Anforderungen und der Verantwortung, die auf mich zukommen würden. Nachdem die Kinder aus dem Haus waren, rief ich als Erstes bei meiner Psychotherapeutin an. Sie hatte heute ihren ersten Tag in der Praxis. Der Arzthelferin erzählte ich von meinem erneuten Zusammenbruch. Eine Stunde später saß ich schon im Wartezimmer. Ich fühlte mich wie ein kleines Häufchen Elend. Die Ärztin schrieb mich bis auf Weiteres krank. Auf der Krankmeldung stand in etwa: »Die Patientin ist für eine unbestimmte Zeit nicht arbeitsfähig.« Es ist erstaunlich, wie sehr sich die Ärztin für mich einsetzt. Als ich sie daraufhin ansprach, meinte sie, dass sie aus ihrer langjährigen Erfahrung wüsste, wie lange der Gesundungsprozess bei einem an Depression erkrankten Menschen dauere. Zudem sagte sie, ich könnte mich darauf einstellen, dass ich voraussichtlich in diesem Schulhalbjahr nicht mehr in meinen Beruf zurückgehen könnte. Im Klartext heißt das für mich, dass ich bis zum 1. Februar nächsten Jahres zu Hause sein werde und mich mit mir selbst beschäftigen muss. Auf der einen Seite ist es schön, mehr Freizeit und weniger Verpflichtungen zu haben, aber auf der anderen Seite bin ich weiterhin krankgeschrieben; ich bin also noch krank und muss die Zeit für meine Gesundung nutzen. Ich weiß nicht, was für mich zurzeit erstrebenswerter ist. Ich wäre so gerne wieder gesund und in meinem Beruf einsatzfähig, doch stattdessen darf ich mich weiter mit meiner kranken Psyche auseinandersetzen. Da mein Körper mir ganz klar sagt, was er von mir erwartet, habe ich keine andere Wahl. Schließlich möchte ich wieder ganz gesund werden. Dieser Rückfall in die Depression ist für mich ganz schön erschütternd und deprimierend. Damit habe ich gar nicht mehr gerechnet. Eher hatte ich mir vorgestellt, dass ich nun von Tag zu Tag und von Woche zu Woche immer gesunder werde und ein kleines Stück an Energie dazugewinne.

Eine Freundin hat mir vor einiger Zeit mithilfe eines Bildes versucht zu verdeutlichen, wie die verloren gegangene Energie wieder zurückkommt. Sie hat das Bild von den Wellen am Meer dazu verwendet. So wie die Wellen immer wieder an den Strand gespült werden, so komme auch nach und nach ein Stückchen von meiner Kraft zurück. Dieses Bild habe ihr sehr geholfen, wieder Kraft zu schöpfen, als sie sich ausgepowert und kraftlos fühlte.

Im Laufe des Nachmittags ging es mir allmählich besser. Die Symptome wurden weniger und der Hunger kam allmählich wieder zurück.

Ein wichtiges Erlebnis habe ich noch vergessen zu erwähnen. Nach meinem Arztbesuch heute Morgen habe ich sofort versucht, meinen Schulleiter anzurufen, um ihm mitzuteilen, dass ich noch nicht arbeiten käme. Da ich ihn telefonisch nicht erreichen konnte und die Sekretärin mir mitteilte, dass er zu unseren zwei Schulstandorten unterwegs sei, habe ich mich sofort ins Auto gesetzt und mich auf den Weg gemacht. Als ich am ersten Schulstandort ankam, war er schon wieder auf dem Weg zurück zu seiner Stammschule, sodass ich ihn hier nicht erreichen konnte. Doch ich traf zwei meiner Kolleginnen, die die Pausenaufsicht der Schüler übernommen hatten. Freudig kamen sie auf mich zu und fragten mich, wie es mir gehe. Als ich ihnen mitteilte, dass ich bis auf Weiteres dienstunfähig sei, verfinsterten sich ihre Mienen. Sie fragten mich nicht nach dem eigentlichen Grund meiner erneuten Krankmeldung, stattdessen schmiedeten sie schon Pläne für meine Vertretung. Für mich war dieses Gespräch sehr ernüchternd. Mein Krankheitszustand war nicht mehr Thema des Gesprächs. Etwas deprimiert fuhr ich zur Stammschule, wo ich den für unsere Schule zuständigen Schulleiter endlich antraf. Er zeigte sich gefasster und wünschte mir nach dem Gespräch gute Besserung.
Dieses Erlebnis hat mir deutlich vor Augen geführt, wie wenig meine eigene Person gefragt ist, wenn ich im gesellschaftlichen System nicht mehr funktioniere. Wenn ich meine Familie, meine Freundinnen und ein paar liebe Bekannte nicht hätte, würde ich mit meiner Krankheit alleine dastehen. Weiterhin komme ich wieder zu der Feststellung, dass ich auf mich selbst aufpassen muss. Ich muss auf meine körperliche und psychische Gesundheit achten und mein Leben entsprechend gestalten.

Dienstag, 5. August 2008

Zum Glück scheint sich meine Depression auf ein Minimum zu reduzieren. Die alltäglichen Arbeiten kann ich wieder verrichten. Heute Nachmittag hatte ich ein Gespräch mit meinem Physiotherapeuten in der Krankengymnastikpraxis. Er erzählte mir von einem Fall in seinem Bekanntenkreis, der ein völliges Burn-out hatte. Bis diese Person wieder in ihrem Beruf arbeiten konnte, sei ein ganzes Jahr vergangen. Auch meinte er, dass man als Hausfrau und Mutter sehr viel Arbeit mit dem Haushalt und den Kindern habe. Leider sei diese Arbeit gesellschaftlich nicht anerkannt. Er gab mir den Tipp, mindestens noch ein Jahr lang zu Hause zu bleiben. Das Wichtigste sei, neue Denkstrukturen zu entwickeln. Bis sich diese verselbstständigt hätten, brauche es bis zu einem Jahr. Diese Gespräche während meiner osteopathischen Behandlungen einmal wöchentlich tun mir gut. In ihm habe ich einen guten Zuhörer, aber auch einen Ratgeber für alltägliche »Krankheiten« gefunden. Dafür bin ich ihm sehr dankbar.

Mittwoch, 6. August 2008

Heute wäre mein erster Arbeitstag gewesen. Nachdem ich die Kinder zu Fuß in den Kindergarten gebracht habe, hatte ich noch ein kurzes, aber sehr nettes Gespräch mit meiner Nachbarin. Danach habe ich meinen Rucksack gepackt und bin wandern gegangen. Nun sitze ich hier auf einer Bank im kühlen Schatten zwischen Bäumen und Wiesen und schreibe meine Gedanken auf. Ich habe eine weitere Zeit geschenkt bekommen. Diese Zeit muss ich nutzen, um mich besser kennen zu lernen. Leider muss ich, ob ich nun will oder nicht, an den Auslösern meiner Depression weiterarbeiten. Nur dann kann ich auch einen dauerhaften Weg aus meiner Depression finden.

Gestern Abend habe ich mit einem Yogakurs begonnen. Diese anderthalb Stunden sind für mich eine Auszeit aus dem Alltag, um dort zur Ruhe und zu mir selbst zu finden. Meine Anspannungen im Körper haben sich durch die Meditationen und das sanfte Dehnen etwas gelöst. Die Anspannungen rühren wohl daher, dass ich noch nicht so recht weiß, wie mein Leben weitergeht. Ich stehe vor einem großen Fragezeichen. An sportlichen Aktivitäten besuche ich zweimal die Woche das Fitness-Studio in der Krankengymnastikpraxis, wo ich dann gleichzeitig meine physiotherapeutischen Anwendungen erhalte. Je nach Wetterlage und meinem inneren Bedürfnis gehe ich wandern oder mache einen kleinen Spaziergang. Entspannung finde ich beim Yoga, bei der progressiven Muskelrelaxation, die ich zu Hause selbst durchführe, und vor allen Dingen im Malen. Ich sitze fast jeden Tag an meinem Maltisch und arbeite an einem Bild weiter. Es macht mir unheimlich viel Spaß und ich fühle mich schon in kurzer Zeit innerlich ruhig und entspannt.

Gut, dass ich einmal wöchentlich zur Psychotherapie gehen kann. Hier wird so mancher Gedankengang ins Rollen gebracht. Ich muss mir immer wieder bewusst machen, dass das Leben ein Geschenk Gottes ist und dass man jeden Tag aufs Neue genießen soll, laut dem bekannten Spruch: »Carpe diem«. Kraft zu schöpfen aus den schönen Dingen im Leben zählt dazu. Wieder einmal muss ich in diesem Zusammenhang an meine Vorbildfunktion für meine Kinder denken. Ich muss ihnen vermitteln, dass unser

Leben nicht nur aus dem Verrichten von Arbeit besteht, sondern vor allem aus dem Genießen schöner alltäglicher Dinge. Mein Physiotherapeut meinte, dass nur sensible Menschen ihr Leben doppelt genießen könnten. Leider hat diese Feststellung auch eine Kehrseite. Je sensibler man für die schönen Dinge im Leben ist, umso empfänglicher ist man auch für die negativen Seiten im Leben.

Ich bin ein wenig enttäuscht, weil ich noch nicht am Arbeitsleben teilnehmen kann. Ich hatte mir den Gesundungsprozess anders vorgestellt, irgendwie einfacher und schneller.

Freitag, 8. August 2008

Immer wieder muss ich bei mir beobachten, wie sehr ich meine Bekannten aus der Klinik vermisse. Sie gehören zwar nicht zu meinem Leben hier, aber ein paar gute Gespräche könnte ich schon gebrauchen. Auch die Ruhe und Stille in der Klinik habe ich sehr genossen. Sie waren Balsam für meine kranke Psyche.
Manchmal komme ich mir vor wie »Heidi aus den Bergen«. In der Geschichte wird erzählt, dass sie ihre Heimat verlassen musste und nach Frankfurt kam, um dort einem kranken Mädchen Gesellschaft zu leisten. Wie sehr vermisst sie während ihres Aufenthaltes in der Großstadt ihre Heimat und ihren Großvater. Und als sie wieder zu ihrem Großvater in die Berge zurückdarf, vermisst sie ihre neu gewonnene Freundin Clara. So geht es auch mir. Während meines Aufenthaltes in der Klinik habe ich meine Familie sehr vermisst. Wieder zu Hause vermisse ich die neu gefundenen Freunde aus der Klinik.

Wenn die Sehnsucht nach der Klinik in mir erwacht, versuche ich mir vor Augen zu führen, dass die Situation vor Ort heute eine ganz andere wäre. Die Patienten haben gewechselt, sodass ich bestimmt keinen mehr kennen würde, ganz zu schweigen von meinen lieben Tischnachbarn, die alle wieder nach Hause gegangen sind. Es sei ihnen vergönnt, dass sie wieder ein Standbein in ihrem Leben gefunden haben und sich hoffentlich auf dem Weg der Besserung befinden. Ein Patient aus der Klinik verglich seinen Aufenthalt dort mit einem Leben in einem goldenen Käfig. Von den Problemen und Zwistigkeiten des Alltags wird man ferngehalten; es ist ein Leben außerhalb der Realität. Vielleicht wünsche ich mir diesen Zustand von Zeit zu Zeit zurück, um mich nicht immer wieder dem Alltag und seinen Sorgen stellen zu müssen.

Mittwoch, 20. August 2008

Heute hatte ich die dritte Therapiestunde bei meiner Psychotherapeutin. Sie stellte mir ein paar Fragen, die ich ihr, ohne viel nachzudenken, beantworten konnte. Daraufhin meinte sie, dass ich eine ganz klare Sichtweise der Dinge hätte. Mein Problem liege wohl eher darin, dass ich zu sehr kopfgesteuert sei. Bei meinem Handeln lasse ich das Gefühl außen vor. Wenn ich schöne, gefühlvolle Dinge in mein Leben einbauen wolle, sei auch diese Überlegung kopfgesteuert. Als ich sie fragte, was ich denn dagegen tun könne, meinte sie, dass ich mir Zeit nehmen und dann nichts tun solle. Ich werde dann weder lesen noch sonst einer Tätigkeit nachgehen, sondern versuchen den Gedanken freien Lauf zu lassen. Das wird wahrscheinlich eine Herausforderung für mich werden. Im Freien, auf einer Bank sitzend und die Natur zu beobachten oder auf unserem Steg am Teich zu liegen stellt für mich kein Problem dar. Schwieriger finde ich es im Haus. Um mir die ganze Sache zu erleichtern, habe ich vor, meditative Musik im Hintergrund laufen zu lassen.

Für die Herbstferien habe ich für uns einen Erholungsurlaub in einem all-inclusive Hotel für sieben Übernachtungen auf Mallorca gebucht. Nachdem Günter wegen des Urlaubs immer noch gezögert hat und sich nicht so recht entscheiden konnte, habe ich die Zügel in die Hand genommen und bin ins Reisebüro gegangen. Vor uns liegen acht Tage mit Verwöhncharakter. In dieser Zeit brauche ich weder zu kochen noch zu putzen. Einkaufen steht auch nicht an und Waschen und Bügeln wird auf die Zeit nach dem Urlaub verlegt. Also könnte es ein Traumurlaub werden, wenn das Wetter mitspielt. Hoffentlich können wir uns am Pool vergnügen, in der Sonne liegen und kalte Getränke schlürfen, dann uns erholt an den gedeckten Mittagstisch setzen, Leckeres vom Büfett kosten und uns wieder auf die Liegen an den Pool begeben und so weiter und so weiter. Der Anfang ist auf jeden Fall schon mal gemacht. Schließlich ist die Vorfreude zwar nicht die größte Freude, aber sie kann einen schon mal in gute Stimmung versetzen und zum Träumen anregen.

Als ich im Reisebüro war, habe ich auch gleich vier Musicalkarten von Starlight Express in Bochum für meinen 40. Geburtstag im November gekauft. Da ich nach monatelangen Überlegungen nun zu dem Entschluss gekommen bin, meinen runden Geburtstag nur mit meiner Familie zu feiern, musste noch irgendein Highlight her. Da bot sich ein Musical an, das auch für Kinder geeignet sein musste. Zudem sollte es innerhalb von zwei bis drei Stunden mit dem Auto erreichbar sein. Da war das Angebot nicht sehr groß. Die Reisebüroangestellte empfahl mir Starlight Express, da die vielen Lichteffekte und Rollschuhvorführungen den Kindern bestimmt gefallen würden. Damit seien Kinder zu begeistern. Dann lassen wir uns mal überraschen. Wir übernachten voraussichtlich in einer Jugendherberge. Diese Art der Übernachtung ist kostengünstig und reicht mir vom Komfort für ein Wochenende völlig aus.

Donnerstag, 28. August 2008

Heute hatte ich meine vierte Therapiestunde. Es war ein recht anregendes Gespräch. Unmittelbar nach der Therapie fällt es mir schwer, den Inhalt des Gespräches wiederzugeben. Aber trotzdem haben sich bei mir Gedanken festgesetzt, die mich im Unterbewusstsein beschäftigen. Einige Tage später setze ich mich dann bewusst mit den angesprochenen Themen gedanklich auseinander. Auch träume ich nachts immer wieder davon.
Ich merke an meinem Verhalten, dass ich egozentrischer werde und versuche, im alltäglichen Geschehen mehr Zeit für mich zu finden. Samstags putzen Günter und ich gemeinsam die Wohnung, die Kinder müssen ihre Spielsachen aufräumen und abends bringt Günter die Kinder ins Bett. Am Wochenende kann ich den Frühstücks- oder Mittagstisch nach dem Essen stehen lassen, ohne ein schlechtes Gewissen zu haben. Dann räumt Günter automatisch den Tisch ab. Die Kinder werden von Günter geduscht und angezogen. So gibt es viele kleine Dinge im Alltag, die ich nicht mehr alleine zu bewältigen habe. Gerne würde ich die Kinder mehr in die Hausarbeit mit einbeziehen, nur weiß ich noch nicht so recht, wie ich das umsetzen soll. Bei dem Versuch, das Aufdecken und Abdecken des Tisches am Wochenende im Wechsel zu organisie-

ren, bin ich gescheitert. Die Kinder haben geschimpft oder sich verdrückt, wenn es was zu tun gab. Nach kurzer Zeit habe ich das Projekt im Sande verlaufen lassen.

Meine jetzige Situation hat meine Psychotherapeutin mir in einer Zeichnung versucht zu verdeutlichen:

(**Z**

) **I**

ICH → → → → (→ → → → **E**

) **L**

→ (→

→ →

→ **DEPRESSION** →

→ →

→

mein neuer Weg

Mein ICH ist einen Weg gegangen, der aus bestimmten Gründen nicht zu einem ZIEL führen konnte. Meine DEPRESSION hat mich daran gehindert, den für mich ungesunden eingeschlagenen Weg fortzusetzen. Nun muss ich mir einen neuen Weg suchen, der mich zu meinem ZIEL führt.

Auf meine Frage, wann ich wieder arbeiten gehen könnte, meinte sie, wenn ich an meinem ZIEL angekommen sei und somit einen neuen Weg gefunden hätte.

Diese Zeichnung fasst die wichtigsten Komponenten auf einen Blick zusammen. Auch wird durch diese bildliche Darstellung deutlich, dass mein neuer Weg einen Umweg machen muss, um zum ZIEL zu gelangen. Alte Denkmuster müssen neu überdacht

werden und die dann entstandenen neuen Denkstrukturen müssen sich verselbstständigen. Wenn ich meine Situation vor diesem Hintergrund betrachte, scheint es ein langer und mühsamer Weg zu werden, bis ich mein ZIEL erreichen kann. Also muss ich mit mir selbst noch ein bisschen Geduld üben, bis ich sagen kann, dass ich gesund bin.
Aus dieser Therapiestunde bin ich frohen Mutes nach Hause gegangen, weil ich spürte, dass ich auf dem richtigen Weg bin. Ich muss immer wieder betonen, wie wichtig die stationäre Therapie für mich war. Die jetzt folgende ambulante Psychotherapie setzt den Weg fort, der in der Klinik begonnen wurde. Ohne ambulante Psychotherapie wäre ich schon längst in einer Sackgasse gelandet oder in alte Denkstrukturen zurückgefallen. Wenn die wöchentliche Therapie aus irgendwelchen Gründen ausfällt, spüre ich, dass ich mit meinen Anstrengungen auf der Stelle stehen bleibe.

Dienstag, 2. September 2008

Ich liege hier auf dem Steg am Teich und höre dem Rauschen der Blätter zu. Hin und wieder dringen ein paar Sonnenstrahlen durch die Blätter und erwärmen für kurze Zeit meinen Körper.

Letzten Sonntag waren wir zum Saisonabschluss noch einmal zum Manderscheider Freibad. Die Kinder lieben es, dorthin zu gehen. Für mich ist es mittlerweile auch angenehmer geworden, da ich meistens auf der Decke liegen bleiben und ein Buch lesen kann. Ich suche mir dann ein Plätzchen in der Nähe des Nichtschwimmerbeckens, wo ich die Kinder im Auge behalten kann. Hannah kann schon richtig gut schwimmen und Robin ist auch eine Wasserratte. Wenn er mit Schwimmärmchen und Schwimmreifen ausgerüstet ins Nichtschwimmerbecken springt, ist er nicht mehr zu bremsen. Die Kinder meiner Schwester waren mit im Freibad, sodass Hannah und Robin Spielkameraden hatten. Im Vergleich zum letzten Jahr ist diese Veränderung ein sehr angenehmer Fortschritt.

Meine Depression ist auf dem Weg der Besserung. Die Zeit bringt scheinbar eine Heilung. Immer wieder muss ich bei mir feststellen, dass, durch bestimmte Situationen ausgelöst, in meinem Inneren eine Wut brodelt. Das habe ich früher kaum gekannt. Da meine Schwester am kommenden Sonntag den Kindergeburtstag ihrer Tochter feiert, hat sie mich gefragt, ob ich ihr einen Kuchen backen könnte. Da wir aber Günters Geburtstag am Samstag feiern, habe ich damit schon genug zu tun. Außerdem habe ich keine Lust, mich samstags nochmals an den Herd zu stellen und einen Kuchen zu backen, da ich das ja bereits freitags schon mache. Nach langem Überlegen habe ich mich für einen Kompromiss entschieden: Zu Günters Geburtstag am Samstag backe ich anstatt zwei dann drei Kuchen, sodass ich die Reste dann am Sonntag mitnehmen kann. Dass ich auf eine solche Situation so mit Wut reagiere, hängt bestimmt mit meinem neuen Selbstverständnis zusammen. Mein Alltag gestaltet sich momentan recht gut. Ich finde zwischendurch immer wieder Zeit für mich, entweder lese ich ein Buch, halte ein kurzes Mittagsschläfchen oder spiele Gitarre. Wenn ich alleine zu Hause bin, lege ich mich auch immer mal wieder auf eine Liege an den Teich.
Seit meiner letzten Attacke ist die Depression nicht wiedergekommen. Immer wieder sage ich mir, dass ich mein Leben selbst bestimme. Ich hasse es, wenn ich so stark von außen bestimmt

werde. Ich habe eine eigene Persönlichkeit, die ich liebe. Ich bin etwas Besonderes. Ich will nicht so angepasst sein wie so viele Menschen um mich herum, vor allem nicht so eingefahren und konservativ. Zwar bin ich in vielen Bereichen des Lebens angepasst und bestimmt auch konservativ, aber ein gewisses Maß an Freiheit sollte sich jeder behalten. Vor allen Dingen sollte man das Leben nicht als gegeben und unveränderbar hinnehmen, sondern immer wieder von Neuem hinterfragen und entweder das Alte behalten oder es verwerfen und dann neue Wege gehen. Ich habe das Gefühl, dass ich so allmählich meinen Weg finde. Toll finde ich, dass ich eine gute Unterstützung durch die Psychotherapie habe. Die Therapeutin öffnet mir die Augen und stärkt mir den Rücken. Weiter so, hoffentlich und mit Gottes Unterstützung.

Donnerstag, 4. September 2008

Mußestunden am Teich

Stille
Spätsommerliche Sonnenstrahlen
Ein frisch wehender Wind
Das Rascheln der Blätter
Vom Wind getragene Kinderstimmen
Motorgeräusche aus der Ferne
Katzenschnurren
Müßiggang
Zeit für mich
Endlich

Nach längerem Innehalten tauchen Fragen in meinem Kopf auf:
Wer bin ich eigentlich?
Was für einen Sinn hat mein Leben?
Warum habe gerade ich eine Depression bekommen?

Ich glaube, dass ich eine Antwort auf die letzte Frage schon vor längerer Zeit gefunden habe. In den letzten Jahren hat sich mein ganzes Leben immer mehr in einem Teufelskreis bewegt: jahrelange Bauch- und Rückenschmerzen, dazu immer wieder Kopfschmerzen – ich habe mich vor lauter Schmerzen wie eine alte Frau gefühlt. Die Bauchschmerzen haben häufig meine innere Grenze der Erträglichkeit überschritten und ich hatte nur noch den Wunsch gehabt, einige Tage keinerlei Schmerzen zu spüren. Wenn ich dann mit dem Auto unterwegs war, habe ich mir vorgestellt, wie es wäre, wenn ich jetzt gegen einen Baum fahren würde. Dann wäre alles Elend auf dieser Welt für mich vorbei und ich bräuchte keine Schmerzen mehr zu ertragen. Bei dieser Vorstellung ist es immer geblieben, weil ich ein sehr verantwortungsbewusster Mensch bin und auch viel zu viel Angst vor dem habe, was mich nach dem Tod erwarten könnte. Getröstet habe ich mich dann mit der Vermutung, dass die Schmerzen spätestens nach den Wechseljahren mit ein wenig Glück aufhören. Doch bis dahin sind es noch über fünfzehn Jahre. Dann fangen andere Beschwerden an, vor denen man nicht weglaufen kann. Doch zum Glück hat sich nach über sieben Jahren Unterleibs- und Bauchschmerzen mein Problem gelöst. Diese Erkrankung, die Endometriose, unterliegt dem weiblichen Zyklus und eine Operation bewirkt auf längere Sicht nichts, da sich immer wieder neue Endometrioseherde bilden, bei mir an der Blase und am Darm. Da weder die Hormone der Hormonspirale, also die Gelbkörperhormone, noch die

Einphasenpille bei mir eine Linderung gebracht haben, empfahl mir ein Gynäkologe, diese Einphasenpille ohne die siebentägige Pause, also ununterbrochen, einzunehmen. Dieser Einnahmerhythmus sei auch viel besser für meine Endometriose, da mein Körper dann nicht ständig den Hormonschwankungen ausgesetzt sei. Mittlerweile habe ich noch manchmal leichte Schmierblutungen mit minimalen Schmerzen im Unterleib. Es kam mir wie ein Wunder vor, als ich plötzlich von den täglichen Schmerzen befreit war. Endlich kamen meine Gedanken wieder zur Ruhe und kreisten nicht ausschließlich um meine Schmerzen. Das fast sieben Jahre vergangen sind, in denen ich nacheinander vier verschiedene Gynäkologen aufgesucht habe, eine Ausschabung der Gebärmutter und eine Bauchspiegelung als Diagnosemethode über mich habe ergehen lassen, finde ich schon erschreckend. Da die durch die Endometriose verursachten Schmerzen sehr untypisch in ihrem Verlauf während des weiblichen Zyklus waren, tippte keiner der Ärzte auf diese Erkrankung. Nachdem ich damals mehrfach denselben Frauenarzt aufgesucht hatte, schrieb er mir Schmerztabletten auf und meinte: »Meine Frau hat auch schon mal Bauchschmerzen.« Mit dieser Äußerung kam ich leider auch nicht weiter. Es erzeugt heute noch bei mir eine innere Wut. Anschließend habe ich das erste Mal den Frauenarzt gewechselt.
Nach der Geburt von Hannah stellte ein anderer Gynäkologe durch die Bauchspiegelung die Endometriose dann fest. Endlich hatte ich eine Diagnose und konnte nicht mehr mit einer von mir scheinbar eingebildeten Krankheit abgefertigt werden.

Irgendwie komme ich vom Thema ab. Aber ich denke, dass die jahrelangen Schmerzen einen Beitrag zum Ausbruch meiner Depression geleistet haben. Schmerzen sind sehr kräftezehrend.

Noch anstrengender und kräfteraubender waren die vielen Gedanken und Sorgen und die Besuche bei verschiedenen Ärzten und Heilpraktikern, die ich während all der Jahre gemacht habe. Ich konnte mich nicht damit abfinden, dass ich ständig Schmerzen habe sollte.

Donnerstag, 11. September 2008

Gestern war ich wieder zur Psychotherapie. Das Gespräch war sehr aufschlussreich. Anschließend war ich ziemlich müde. Während dieses Gespräches hat die Therapeutin stärker gelenkt als sonst und mir gezieltere Fragen gestellt. Dabei kam dann auch ein Ereignis von letzter Woche zur Sprache. Ein sehr aufschlussreiches Erlebnis hatte ich letzte Woche im Fitness-Studio. Ein Mann mittleren Alters hat mich angebaggert. Zunächst hat er mich, während wir an den Geräten trainierten, angesprochen und belanglose Dinge von sich gegeben. Eine leichte Konversation, kann man auch dazu sagen. Als ich gegen Ende des Trainings mich am Stepper zwanzig Minuten abmühte und er gleichzeitig auf dem Laufgerät neben mir trainierte, legte er sich so richtig ins Zeug. Zunächst fragte er mich nach meinem Beruf und meinen Hobbys. Dann wurden seine Fragen immer aufdringlicher. Er wollte wissen, wann ich immer trainiere, wie ich meine Freizeit gestalte und wo ich mich so aufhielte. Zwischendurch kamen immer wieder Bemerkungen, wie schön es sei, dass ich noch da sei usw. Meine Antworten fielen im Laufe des Gespräches immer kürzer und unfreundlicher aus. Wieso konnte er nicht merken, dass ich nicht interessiert war und diese Art des Anbaggerns widerlich fand?

Nachmittags verfolgte mich das Erlebnis immer wieder in meinen Gedanken. Meine Reaktion auf dieses Ereignis waren folgende Gedanken: Ich stellte mir für meine Zukunft folgende Situation vor, dass Günter und ich aus irgendeinem Grund nicht mehr zusammen und die Kinder schon erwachsen sind. Dann würde ich mir keinen neuen Mann suchen, dem ich seinen Haushalt schmeißen und seine schmutzigen Socken und Unterhosen waschen müsste – nein danke. Ich glaube, dieser Typ im Fitness-Studio hat eine Art von Mann verkörpert, der sehr konservativ ist und somit ein klares Rollenverständnis von Männern und Frauen hat. Für die Frau würde das dann die berühmten drei »K« bedeuten: Kinder, Kirche, Küche. Momentan ist es zum größten Teil meine Aufgabe, den ganzen Haushalt zu schmeißen, weil ich noch zu Hause bin. Am Wochenende hilft Günter dann mehr mit. Mit der Zeit müssen auch die Kinder mehr im Haushalt helfen, zumindest wäre das mein Wunsch.

Während des Therapiegesprächs wurde mir bewusst, dass ich nicht die geborene Mutter bin. Meine Erziehung und mein äußeres Umfeld haben mich in diese Rolle unbewusst gedrängt. Es hat nichts damit zu tun, dass ich meine Kinder nicht über alles liebe. Ich würde alles für sie tun und opfere mich manchmal auch zu viel für sie auf. Ich will ihre bestmögliche Erziehung und Förderung, zumindest soweit das in meinen Möglichkeiten steht. Dass ich mich dabei schon manchmal selbst vergessen habe, wird aus anderen Aufzeichnungen bestimmt deutlich. Wichtig ist für mich, dass ich mehr Freiheit in mein Leben bringen muss und mich nicht so sehr vom alltäglichen Leben versklaven lassen darf. Aber Arbeit findet sich immer genug in einem Haushalt mit zwei Kindern. Alleine die Wäsche und das ständige Hinterherräumen sind schon sehr zeitintensiv. Anstrengend sind auch die Zankereien und der Lärm der Kinder.

Mittwoch, 17. September 2008

Letzten Samstag war die Möhnentour der Frauen aus unserem Dorf. Es stand mir ein Tag ohne Kinder und Hausarbeit bevor. Nach einem leckeren Frühstück in einem Restaurant ging die Fahrt weiter nach Koblenz, wo wir eine Brauerei besichtigten. Nachdem der Seniorchef uns eine halbe Stunde über die Geschichte seines Betriebes, die Marketingmöglichkeiten usw. die Ohren voll gequatscht hatte, gab es einen kleinen Empfang in einem Gruppenraum innerhalb der Brauerei. Auf dem Weg dorthin wagten die meisten von uns nicht zu atmen, da der uns entgegenkommende Geruch brechreizerregend war. Im Raum selbst rissen wir zuerst einmal die Fenster auf, um wenigstens etwas Frischluft zu bekommen. Vor uns auf dem Tisch standen mehrere hauseigene Getränke, von Hefebier über Radler bis zum Starkbier. Ein Koblenzer Schängel spielte auf einem Akkordeon und sang dazu Schunkellieder. Um die Mittagszeit in einem schmuddeligen Veranstaltungsraum mit einer Flasche Bier in der Hand und schunkelnd zur »Quetsch« sich zu bewegen war nicht gerade das, was ich erwartet hatte. Und dann gab der Musiker auch noch schmutzige Witze zum Besten. Anschließend teilten wir uns in zwei Gruppen auf; ich wurde der Gruppe des Seniorchefs zugeteilt, was die Krönung des Tages werden sollte. Eine Brauereibesichtigung stand an. Zuerst mussten wir durch das penetrant riechende Treppenhaus zurück ins Hauptgebäude, von wo aus die Führung losging. Während einer fast zweistündigen Besichtigung

erzählte der Chef die ganze Familiengeschichte des Betriebes; weitere Infos erhielten wir über sein Geschick, diesen kleinen Familienbetrieb wettbewerbsfähig zu halten. Nach einer halben Stunde reduzierte sich die Gruppe auf vier von vorher fünfzehn Teilnehmern. Alle hatten es mit der Blase zu tun, ich natürlich auch. Wie konnte man sich so etwas nur in seiner Freizeit freiwillig antun? Die andere Gruppe hatte wohl etwas mehr Glück mit ihrer Führung. Wir Übrigen beschlossen kurzfristig, den sich in der Nähe befindenden Kirmesplatz aufzusuchen, um uns die verbliebene Zeit dort zu vertreiben. Am frühen Abend ging es weiter auf die Burg zum Abendessen. Das Essen dort war nur mittelmäßig, aber die Aussicht auf den Kirmesplatz war grandios. Wir saßen hier auf der Burg in einem kleinen Saal fest und konnten nur ahnen, was unten im Stadtteil auf dem Rummelplatz los war. Ich für meinen Teil bekam fast die Krise, als nach dem Essen der gebuchte Alleinunterhalter nicht eintraf, um die Stimmung etwas aufzuheitern. Müde von dem Tag und mit vollgeschlagenem Bauch wünschten sich wohl die meisten ihre Couch herbei. Um doch noch etwas Stimmung aufkommen zu lassen, organisierte ich ein Kartenspiel und wir spielten »31«. Es hat Spaß gemacht und es gab doch noch so einiges zum Lachen. Das größte Highlight an diesem Tag war dann die Besichtigung der Burg bei Kerzenlicht. Die einzelnen Räume waren ausschließlich mit Kerzen ausgeleuchtet, sodass eine schöne Atmosphäre geschaffen wurde. Kurz vor 23 Uhr machten wir uns dann wieder auf den Nachhauseweg.
Als ich am nächsten Morgen aufwachte, hatte ich wieder Schwindel. Jedoch machte er sich anders bemerkbar als mein Schwindel, dem ich noch vor einigen Monaten täglich ausgeliefert war. Es war so eine Art von Kreislaufschwindel. Immer wenn ich mich

bückte oder hinlegte, wurde mir ganz schwindelig. Ansonsten fühlte ich mich einigermaßen sicher auf den Beinen. Zunächst habe ich die Beschwerden mit dem Alkohol in Verbindung gebracht, den wir bei der Möhnentour über den Tag verteilt getrunken hatten. Ich vermutete, dass durch die Einnahme der Antidepressiva und den gleichzeitigen Alkoholgenuss die Beschwerden ausgelöst wurden. Montags bekam ich dann noch einen Hexenschuss im Brustwirbelbereich, der mir den Rest gegeben hat. Zum Glück ging es mir am Dienstag wieder besser. Ich unternahm einen langen Spaziergang und das Schwindelgefühl in meinem Kopf löste sich allmählich auf. Mir gingen sehr viele Gedanken durch den Kopf und ich habe während der Wanderung einige noch offenstehende Entscheidungen getroffen.

Heute Morgen, während der Psychotherapie, habe ich mit meiner Psychotherapeutin darüber gesprochen. Sie vermutete, dass mein Schwindelgefühl mit meinem schlechten Gewissen zusammenhänge. Ich sei auf die Möhnentour gegangen, obwohl ich genauso gut zu Hause bleiben und mich der Familie und dem Haushalt hätte widmen können. Dafür habe mein schlechtes Gewissen (Über-Ich) mein Fehlverhalten bestraft. Ich bin mir zwar nicht so ganz sicher, ob mein Schwindel dadurch ausgelöst wurde, aber ich bin froh, dass der Schwindel jetzt weg ist. Sonntag und Montag hat mich der Schwindel fast wieder in meine Depression zurückgeführt, so groß war meine Angst und meine Verzweiflung angesichts der wiedergekommenen Symptome.

Gedanken, die mir am Dienstag während meines Spaziergangs durch den Kopf gingen und die zudem durch die Gespräche in der Psychotherapie ausgelöst wurden, möchte ich hier festhalten:

1. Ich möchte in unserem Dorf wohnen bleiben. Wir haben hier unser Haus gebaut, es uns gemütlich gemacht und ein gutes Verhältnis zu den Nachbarn gefunden. Ich fühle mich hier so weit ganz wohl. Wichtig ist, dass ich hier und jetzt lebe, egal, welche Probleme das Leben auch mit sich bringt. Ich muss lernen, mich stärker abzugrenzen, meine Interessen durchzusetzen und Nein zu sagen.
   Rückblickend habe ich mich für die Eifel schon 1991 entschieden, als ich mich für den Studiengang Grund- und Hauptschulpädagogik in Koblenz eingeschrieben habe. Wegen meiner zur damaligen Zeit schon bestehenden Beziehung zu Günter bin ich heimatnah studieren gegangen und habe auf das Studium der Raum- und Umweltplanung verzichtet. Nach diesem Studiengang hätte ich bestimmt keine Anstellung in der Eifel gefunden. Da ich jedoch in der Eifel bleiben wollte, lag es auf der Hand, für welchen Studiengang ich mich entscheiden würde.
2. Ich fahre nicht zum Geburtstag einer Bekannten, weil es mir nicht so gut geht und ich lieber zu Hause bleiben möchte.
3. Ich gehe morgen nicht zum Elternabend in den Kindergarten, weil sich dort die Thematik der letzten Jahre wiederholen wird. Günter und ich werden in die Sauna gehen und es uns gut gehen lassen. Darauf freue ich mich schon.
4. Nachdem ich meine Mutter bei ihren letzten Arztbesuchen immer begleitet habe, ist gestern mein Vater mit ihr dorthin gefahren. Ich bin alleine spazieren gegangen. Diese Zeit brauchte ich dringend, um meine Gedanken zu sortieren.

Jeden Tag gehe ich kleine Schritte, vorsichtig und wohlüberlegt. Ich versuche, soweit es mir möglich ist, mich nicht in Alltagssituationen zu verlieren. Ich genehmige mir immer wieder Auszeiten, um zur Ruhe zu finden. Momentan kann ich mir überhaupt nicht vorstellen, wie es wäre, wieder in die Schule arbeiten zu gehen. Ich bin so schon vollzeitbeschäftigt. Aber irgendwann kommt der Tag, an dem es so weit ist und ich wieder meine Arbeit aufnehmen werde. Dann werde ich sehen, wie mir der Berufsalltag bekommt. Ich werde weiterhin mit acht Stunden arbeiten gehen und nicht wieder voll in den Beruf einsteigen. Ich möchte möglichst viel Zeit mit meinen Kindern verbringen und ihre Entwicklung verfolgen. Mein Herz macht Sprünge, wenn ich ihre Fortschritte sehe. Was dann die Zeit arbeitsmäßig mit sich bringt, weiß ich heute noch nicht und es ist mir im Moment auch egal. Ich darf mich selbst nur nicht aus den Augen verlieren.

Sonntag, 21. September 2008

Ich trage mich schon seit Längerem mit dem Gedanken, ein Tagebuch über den Weg in und vor allem aus meiner Depression zu veröffentlichen. Gleichzeitig stellt sich mir die Frage, ob ich mein persönliches Befinden der breiten Öffentlichkeit offenbaren will. Aber mein Empfinden meiner Krankheit gegenüber wird immer positiver. Deshalb möchte ich allen kranken Menschen, die auch an einer Depression leiden, meine Erfahrungen mitteilen, um ihnen auf ihrem schweren Weg Hoffnung zu schenken. Über meine Gedanken zu einer möglichen Veröffentlichung meiner Tagebuchaufzeichnungen habe ich bis jetzt noch mit niemandem gesprochen, weil ich mir noch nicht endgültig sicher bin und zudem auch nicht weiß, ob ich überhaupt schriftstellerische Fähigkeiten besitze. Ich werde meine handschriftlichen Tagebuchnotizen in den Computer übertragen und sehen, wie ich vorankomme.

Die Zeit wird mir wohl eine Antwort geben. Vielleicht bleibt es ja auch nur ein unausgesprochener Traum.

Wie geht es mir? Ganz gut, denke ich. Ich versuche kleine Veränderungen in mein bzw. unser tägliches Leben zu integrieren. Ein kleines Beispiel möchte ich erzählen, um zu zeigen, wie sich diese Veränderungen auch auf das Leben meiner Kinder auswirkt. Heute Morgen wollte Robin unbedingt die neuen Massagebürsten ausprobieren. Dafür habe ich ihm nach dem Frühstück warmes Wasser in die Badewanne eingelassen, den Raum leicht abgedunkelt und drei Kerzen angezündet. Als er in der Badewanne lag, hat er sich im warmen Wasser geräkelt. Die neuen Massagebürsten hat er nacheinander ausprobiert; ich durfte ihm dabei assistieren. Auf jeden Fall hat er sein Bad in der Badewanne mit allen Sinnen genossen. Anschließend habe ich mir die Zehennägel lackiert. »Die Zehennägel sieht ja keiner«, war sein Argument, das mich dann überzeugt hat, seine Zehennägel auch zu lackieren. Vor einigen Wochen hatte Hannah ihm die Fingernägel rosa lackiert. Im Kindergarten haben ihn einige Kinder gefragt, warum er denn seine Nägel lackiert habe, schließlich sei er doch kein Mädchen. Aber die Erzieherinnen haben ihm beigestanden und es für gut befunden. Schließlich darf ein vierjähriger Junge doch ein paar Kosmetika ausprobieren, die normalerweise nur in der weiblichen Welt Anwendung finden. Man sollte nicht immer so angepasst und konservativ sein!

Ich fühle immer mehr Stabilität in meinem Leben – mein tägliches Leben läuft irgendwie fließender ab. Allmählich passen sich auch die Kinder meinem veränderten Leben an und stellen nicht mehr alles Neue und Unbekannte infrage.

Mittwoch, 24. September 2008

Heute Morgen hatte ich wieder Therapie. Ich saß völlig benebelt und mit müden Augenlidern im Sprechzimmer. Meine Therapeutin hat mit einem Blick gemerkt, was mit mir los war. Nach einem längeren Gespräch zur Ursachenerforschung meines jetzigen Zustandes kam heraus, dass ich, ähnlich einer Hypnose, durch die Überarbeitung und Übertragung meiner Tagebuchaufzeichnungen mich in mein altes Trauma begeben habe. Sie nannte es »Retraumatisierung«. Doch habe ich es anschließend unterlassen, mich in die Gegenwart zurückzuführen. Nun konnte ich auch meine schweren Augenlider erklären. Die »Retraumatisierung« habe ich durch die Einbeziehung verschiedener Sinne noch unbewusst verstärkt:

1. Hören: Ich habe mich nach meiner Arbeit am Computer auf die Couch gelegt und mir die meditative Musik angehört, die ich auch während meiner starken Depressionsphasen zur Beruhigung gehört habe.
2. Sehen: Ich habe mein Gesicht im Spiegel betrachtet und festgestellt, wie fertig ich nach dem Schreiben ausgesehen habe.
3. Schmecken: Ich verspürte keinen Appetit mehr. Es war fast wie zu Beginn der Depression, dass mir übel war und ich kaum noch etwas essen konnte.

Die Therapeutin gab mir den Tipp, dass ich entweder mit Abstand, so in einer Art Lufthülle, mich mit dem Thema auseinandersetzen oder aber mich anschließend durch Einbezug mehrerer Sinne wieder in die Gegenwart zurückbefördern könne. Bevor ich die nächste Arbeit aufnehme, soll ich mir vor Augen führen, was ich seit meiner Erkrankung schon alles geleistet habe. Diese positive

Rückmeldung kann mir den Rücken stärken, wenn ich mich wieder in einer schlechteren Phase befinde.

Am letzten Sonntag hatte ich noch ein »schönes« Erlebnis. Wir waren zu einer Veranstaltung des Weltkindertages. Neben vielen Angeboten für die Kinder war auch ein Bastelraum eingerichtet. Hannah und Robin stürzten sich mit Begeisterung auf die Bastelarbeiten und ich half ihnen dabei. Das Durcheinander und die Lautstärke der Kinder hat mir ganz schön zugesetzt. Mir wurde wieder leicht schwindelig. Als die Bastelarbeiten beendet waren und ich zum Weitergehen drängte, ging es mir allmählich wieder besser. An diesem Nachmittag habe ich wieder einmal zu spüren bekommen, wie anfällig ich noch bin bzw. wie wenig Stabilität ich aufgebaut habe. Als ich mit meiner Therapeutin darüber sprach, meinte sie, es würde noch einige Zeit dauern, bis ich wieder mit dem Arbeiten beginnen könnte. Dieses Schulhalbjahr brauchte ich noch für meinen Gesundungsprozess. Auch müsste ich für die bevorstehende Zukunft meiner Kinder, sprich Pubertät, gerüstet sein. Ich müsste mein Leben so gestalten, dass ich genügend Kraftreserven für diese anstrengende Zeit zur Verfügung hätte. Ich selbst bin davon ausgegangen, dass es in meinem Leben einfacher wird, wenn die Kinder größer werden. Wahrscheinlich muss man es differenzierter sehen. Die eigentliche Zeit mit den Kindern wird wohl weniger werden, wie die Kinder anzuziehen, Brote zu schmieren, Termine mit Freunden zu planen oder Streitereien zu schlichten. Dafür werden die Probleme, die die Kinder mit nach Hause bringen, vielschichtiger und schwieriger. Wahrscheinlich muss man ein Fingerspitzengefühl entwickeln, um mit den Problemen der Kinder umzugehen. Aber bis dahin ziehen noch ein paar Jahre ins Land. Darüber sich jetzt schon einen Kopf zu machen, finde ich noch zu früh.

Die Auslöser für meine Depression waren sehr vielfältig. Es handelt sich wohl um eine sogenannte »Erschöpfungsdepression«. Jeden Tag muss ich mir wieder von neuem Zeit nehmen, um noch einmal den vergangenen Tag zu überdenken, gegebenenfalls vermeidbare Stressfaktoren mir bewusst zu machen und zu versuchen, sie beim nächsten Mal zu vermeiden.

Donnerstag, 25. September 2008

Endlich scheint die Sonne wieder und es ist auch ein bisschen wärmer geworden. Heute Nachmittag habe ich mir Zeit für die Kinder genommen und mit ihnen einen »Flitschebogen«, einen Bogen mit Pfeil, gebastelt. Zunächst sind wir zu Fuß in den Wald gegangen und haben uns von einem Haselnussstrauch Stöcke abgeschnitten. Draußen auf dem Hof, wo die Sonne schien, haben wir uns auf den Boden gesetzt und die Stöcke auf die richtige Länge gekürzt, verschiedene Muster hineingeritzt und zwei Kerben an den Seiten zum Befestigen der Kordel geschnitten. Für die Pfeile haben wir die Stöcke eingekürzt und an einem Ende gespitzt. Hannah und ihr gleichaltriger Vetter hatten großen Spaß beim Basteln, wohingegen Robin nicht wirklich was mit der ganze Sache anfangen konnte. Auch die Technik des Schießens beherrschten die zwei Großen gut. Aber sich anschließend mit den Stöcken attackieren, dass konnten dann alle sehr gut.

Heute Morgen bin ich zum »Nerother Kopp«, einem kleinen Berg mit römischen Überresten einer Burg, gewandert. Da ich den Weg schon seit Langem nicht mehr gewandert bin, habe ich in meinem Inneren etwas von meiner Abenteuerlust gespürt. Neue Wanderwege zu erkunden, auch wenn sie nicht weit vom Heimatort entfernt liegen, macht mir richtig Spaß. Ich habe einen kleinen Rücksack mit Proviant mitgenommen und war gut zwei Stunden unterwegs. Dabei bin ich auf Wege gestoßen, die mir bis dahin völlig unbekannt waren. Hier kann man wohl den Spruch anwenden: »Warum in die Ferne schweifen ...«

Freitag, 26. September 2008

Wow, ich habe mir vorhin ein paar schöne schwarze Lederstiefel gekauft, die ich unter mein rotes Cordkleid anziehen kann. Am Samstagabend feiern Freunde von mir ihren 40. Geburtstag. Neu gestylt freue ich mich schon riesig auf die Party, die als Mottoparty mit Hut geplant ist. Ich spüre pure Lebenslust, wie ich sie schon seit Langem nicht mehr gefühlt habe.

Außerdem haben wir einen Sieg errungen. Heute Morgen stand in der Zeitung, dass die neue Teilortsumgehung unseres Dorfes nicht im Straßenfinanzplan des Landes enthalten ist. Da unsere Straße durch die Teilortsumgehung von einem erhöhten Verkehrsaufkommen betroffen ist, haben wir uns in den letzten zehn Jahren vehement gegen diesen Bau gewehrt. Für die Bürger unserer Straße bedeutet diese Verzögerung, dass die Straße frühestens 2011/12 gebaut wird. Also bekommen wir weitere zwei Jahre, die unsere Kinder beim Spielen draußen weniger gefährdet sind, geschenkt. Wenn das kein Grund zum Feiern ist!

Ich fühle mich so richtig unbeschwert und genieße das neue Lebensgefühl mit einer Tasse Kirschfrüchtetee und zwei Teilchen aus der Bäckerei, faulenzend auf der Liege auf unserer Terrasse. Der Himmel ist wolkenlos, aber es ist schon herbstlich frisch.

Sonntag, 28. September 2008

Gestern Abend war die besagte Mottoparty. Wir waren bei Freunden auf der Geburtstagsparty. Speziell zu diesem Anlass habe ich meine neuen Klamotten angezogen: rotes Cordkleid, schwarze Lederstiefel, schwarzer Rollkragenpulli und dazu einen roten Fransenschal und einen schwarzen Hut. Wann hat man sonst schon die Gelegenheit, als Hausfrau und Mutter sich schick zu machen? Ich habe mich so richtig wohlgefühlt, auch wenn außer Sandra sonst niemand einen Rock oder ein Kleid anhatte. Oma hat zu Hause die Kinder ins Bett gebracht, sodass Günter und ich einen unbeschwerten, kinderlosen Abend verbringen konnten.

Heute war Pfarrfest in unserer Pfarrei. Hannah hat zum ersten Mal auf einem Kinderflohmarkt einen kleinen Teil ihrer Spielsachen angeboten. Leider hat sie nur drei Tütchen mit Puppenkleidern verkauft, aber sie war sehr stolz darauf, auch wenn sie dafür drei Stunden hinter ihrem Tisch sitzen musste. Da Hannah nicht alleine auf dem Pfarrfest bleiben wollte, bin ich notgedrungen auch dort geblieben. Bei netter Gesellschaft haben wir einige Flaschen Sekt getrunken. Der Flohmarkterlös konnte leider unsere Ausgaben nicht decken. Wir haben erheblich mehr Geld für Essen, Trinken und Flohmarkteinkäufe ausgegeben, als Hannah eingenommen hat. Aber was soll es, wir hatten unseren Spaß.

Dienstag, 30. September 2008

Heute Morgen hatte ich ein längeres Telefongespräch mit einer Freundin. Sie leidet schon seit einigen Jahren an Panikattacken und leichten Depressionen. Vor einem halben Jahr hat sie ihren Beruf, in dem sie über zwanzig Jahre lang gearbeitet hat, gekündigt. Nun verbringt sie die meiste Zeit des Tages zu Hause, erledigt die Hausarbeiten und backt Kuchen für ein Café im Nachbarort. Sie geht in unregelmäßigen Abständen zu einer Psychotherapeutin, nimmt jedoch keinerlei Medikamente ein. Sie hat sich bewusst gegen die Einnahme von Psychopharmaka entschieden, da sie eine Gewichtszunahme befürchtet. Mittlerweile geht es ihr wieder etwas besser, die Panikattacken treten nicht mehr so häufig auf und zum Einkaufen muss sie sich auch nicht immer zwingen. Sicherlich hat die Ruhe und Zurückgezogenheit zu Hause ihr Zeit verschafft, um neue Kraft aufzutanken. Doch finde ich eine regelmäßig stattfindende Psychotherapie sehr sinnvoll. Sie hat immer wieder Wartezeiten von drei bis sechs Wochen zwischen den einzelnen Terminen. Aus meiner eigenen Erfahrung kann ich nur sagen, dass vor allem die Regelmäßigkeit der Gespräche mich in meinem Denken vorwärts gebracht hat. Wenn meine Therapeutin aufgrund der Schulferien für zwei Wochen Urlaub hatte, habe ich in meinen Gedanken und Bestrebungen stagniert. Zudem finde ich die Kombination von Psychotherapie und medikamentöser Behandlung sehr sinnvoll. Zu Anfang habe ich mich innerlich auch gegen die Einnahme von Antidepressiva gewehrt, weil in meinen Denkstrukturen noch die veralteten Angstmacher von schlimmen Nebenwirkungen und Anhängigkeiten verhaftet waren. Als ich mich jedoch intensiver mit diesem Thema auseinandergesetzt und aktuelle Informationen über die medikamentösen Behandlungsmöglichkeiten mit Antidepressiva gelesen habe, war ich nicht mehr so abgeneigt gegen diese Behandlungsmethode. Die einzige Nebenwirkung, die ich spüre und die bei mir auch sichtbar wird, ist eine leichte Gewichtszunahme. Doch tröste ich mich mit dem Gedanken, dass sich mein Gewicht wieder regulieren wird, wenn die medikamentöse Therapie beendet ist. Außerdem sollte man immer den Nutzen und das mögliche Risiko gegeneinander abwägen. Bevor ich die Medikamente eingenommen habe, ging es mir psychisch sehr schlecht. Durch die Einnahme der mir verabreichten Psychopharmaka wurde ich erst therapiefähig. Sie befreiten mich aus dem Sumpf meiner negativen Gefühle und erweiterten mein Blickfeld für eine mögliche Gesundung.

Samstag, 4. Oktober 2008

Heute vor elf Jahren haben Günter und ich kirchlich geheiratet. Wahnsinn, wie schnell die Zeit vergeht!
Seit einigen Tagen habe ich wieder verstärkt mit der Müdigkeit zu kämpfen. Meine Augenlider sind schwer und ich bin schon nach leichter körperlicher Anstrengung schnell müde. Ich fühle mich ziemlich ausgepowert. Hier kommt wohl wieder meine Depression zum Vorschein. In einem solchen Zustand brauchte ich nicht arbeiten zu gehen.
Nächste Woche fliegen wir auf Mallorca in ein all-inclusive Hotel nach Ca'n Picafort. Hoffentlich können wir uns dann faul in die Sonne legen und uns von den Alltagsstrapazen erholen. Ich freue mich schon riesig auf diesen Urlaub. Für einen Abenteuerurlaub würde mir die nötige Kraft fehlen. Auch den Kindern gefällt ein Urlaub mit Swimmingpool, Kids Club und Essen und Trinken,

wann und so viel sie wollen, sehr gut. Das wiederum ist für Günter und mich viel stressfreier, wenn die Kinder beschäftigt und zufrieden sind. Eigentlich bin ich nicht der Typ für diese Art von Strand- und all-inclusive Hotelurlauben. Ich liebe es vielmehr, die Gegend zu erkunden und viele neue Eindrücke mit nach Hause zu nehmen. Aber ich kann auch gut mit diesem Kompromiss leben.

Sonntag, 5. Oktober 2008

Endlich hat sich der Nebel vor meinen Augen gelichtet und die schweren Augenlider sind nicht mehr zu spüren. Die letzten Tage habe ich mich so müde und ausgepowert gefühlt, doch heute bin ich ganz fit.

Anlässlich unseres 11. Hochzeitstages waren wir mittags zum Chinesen essen. Überraschend war, dass Hannah mit großer Neugier von allen Gerichten probiert hat. Bis dahin hatte sie kein großes Interesse an kulinarischen Neuheiten gezeigt. Robin hat in seinem Essen nur herumgestochert. Es war ein schönes Gefühl, sich beim Essen Zeit zu lassen und zu sehen, wie die Kinder, vor allem Hannah, das ganze Ambiente förmlich aufgesogen und genossen haben.

Anschließend sind wir in den Center-Park nach Gunderath gefahren und haben uns dort an diesem verregneten Nachmittag die Zeit vertrieben. Diese künstlich aufgebaute Welt, die wir dort vorfanden, ist nicht meine Welt, obwohl ich sagen muss, dass sie eine nette Abwechslung für Schlechtwettertage ist. Ohne Kinder hätte ich es aber vorgezogen, durch den Herbstwald zu wandern und die Natur zu genießen.

Donnerstag, 9. Oktober 2008

Gestern Nachmittag sind wir auf der Sonneninsel Mallorca angekommen. Vom Flughafen aus sind wir mit dem Bus noch eine Stunde bis zu unserem Hotel gefahren worden. In dieser Zeit konnten wir erste Eindrücke von der Insel gewinnen. Mein erster Eindruck war recht angenehm. Es waren keine Müllhalden oder sonstige menschliche Naturkatastrophen zu sehen. Die Berge im Hintergrund sahen vielversprechend aus. Im Hotel angekommen richteten wir uns zuerst in unserem Appartement ein. Es war sehr geräumig und mit einem kleinen Balkon ausgestattet. Von dort aus konnten wir den gesamten Hotelinnenhof sehen, einschließlich des Pools, der Pool-Bar und der Bühne für den Animationsbereich. Später machten wir uns dann auf den Weg zur Bar, um uns etwas zum Trinken zu holen. Hier wurde ich von einer Frau angesprochen, die uns für die Kinder eine Tüte mit Sandspielsachen schenkte, da sie mit ihrer Familie am nächsten Morgen abreisen würde. Wie praktisch! Die Frau erzählte uns von ihren Erlebnissen auf der Insel und meinte zum Schluss, dass sie super Wetter gehabt hätten, für die nächsten Tage aber eher Regen gemeldet worden sei. Na super, dafür sind wir über 2000 Kilometer gen Süden geflogen, um das Wetter vorzufinden, das wir in den letzten Wochen auch zu Hause hatten. Aber zumindest ist es recht warm, auch wenn die Wolken schon dicht am Himmel hängen. Zum Abendessen bekamen wir einen Tisch zugewiesen und probierten allerlei Leckereien vom Büfett. Das Hotel ist sehr sauber, das Essen gut und unser Appartement recht geräumig und gemütlich eingerichtet. Da lässt es sich doch gut leben! Nichtsdestotrotz wären ein paar Sonnenstrahlen sehr angenehm. Aber wir werden das Beste daraus machen.

Als wir heute Morgen aufgewacht sind, hat es in Strömen geregnet und es war sehr stürmisch. Toll, wie zu Hause! Nur dass in Deutschland zurzeit eine Schönwetterfront das Wetter bestimmt und die Leute wahrscheinlich auf ihrer Terrasse liegen und den Altweibersommer genießen. Dafür haben wir hier alles inklusive und können in den Tag hineinleben.

Freitag, 10. Oktober 2008

Vormittags

Nach einem leckeren Frühstück haben wir die Kinder zur Animation gebracht. Hannah und Robin wollten heute Vormittag in den Miniclub gehen. Obwohl Hannah schon sieben Jahre alt ist und somit vom Alter her zum Maxiclub zählt, hat sie sich bereit erklärt, mit Robin zusammen zu den Kleinen zu gehen. Ich war sehr froh darüber, da ich mir nicht sicher war, ob Robin alleine im Miniclub geblieben wäre.

Nun liege ich hier am Pool und sehe Günter zu, wie er seine Runden schwimmt, und versuche ein paar Sonnenstrahlen abzubekommen. Die warme Luft fühlt sich auf meiner Haut seidig warm und weich an. Einfach ein bisschen abhängen, das Mittelmeerklima genießen und es sich gut gehen lassen, um neue Energien zu sammeln. Mir geht es zurzeit recht gut. Doch manchmal spüre ich leichten Schwindel, besonders wenn ich müde werde.

Nachmittags

Die Kinder finden den Miniclub einfach toll. Auch heute Nachmittag wollten sie unbedingt wieder dorthin gehen. Wir liegen am Pool und Günter meinte gerade, dass das hier »ein Leben wie Gott in Frankreich« sei. Ein paar Urlauber liegen auch am Pool, einige sitzen an der Pool-Bar und andere mühen sich bei der Stepp-Aerobic ab und bewegen sich zum Takt der Musik nach den Anweisungen der Animateurin. Mehrere Teenies versuchen ihr Glück auf dem Tennisplatz und ein paar Männer bolzen auf dem Fußballfeld. Und ich liege hier, schreibe in mein Tagebuch und lasse es mir einfach nur gut gehen.

Sonntag, 12. Oktober 2008

Heute Vormittag sind wir mit den Kindern zum Strand gegangen. Es war angenehm warm, obwohl die Sonne kaum schien. Viele Urlauber waren unterwegs, sowohl am Strand als auch an der Strandpromenade entlang. Ein Künstler formte eine große Figur aus Sand. Auf einem großen Sandhaufen arbeitete er mit einer Schaufel, einem Eimer Wasser und seinen Händen an einer Figur. Ein liegender Elefant entstand allmählich aus dem Sandhaufen. Ich bewundere Menschen, die Zeit und Muße aufbringen, sich der Kunst hinzugeben. Jedoch frage ich mich, wie diese Menschen ihren Lebensunterhalt finanzieren. Solche Menschen sind Lebenskünstler und gehen wahrscheinlich unbeschwerter in den Tag, als wir es je zu tun vermögen.
Den Nachmittag haben wir dann am Pool verbracht. Die Kinder sind ins Wasser zum Planschen gegangen, haben Fangen gespielt und herumgetobt. Sie hatten großen Spaß, auch wenn das Poolwasser zurzeit kälter als das Meereswasser ist.
Heute Abend wollten die Kinder fernsehen. Günter war nicht damit einverstanden, doch ich habe zu den Kindern gehalten und mich durchgesetzt. Nachdem die Kinder sich einen Film im

Fernsehen angeschaut hatten, wollte Günter ins Internetcafé gehen, um zu surfen und sich die neuesten Fußballergebnisse anzusehen. Da ich wusste, dass Hannah auch gerne mitgehen wollte, habe ich ihn dann gebeten, die Kinder mitzunehmen. Nach einigem Ringen habe ich mich auch hier durchgesetzt. Diese kleinen Machtspielchen hätte ich wahrscheinlich nicht durchgezogen, wenn ich nicht durch die Psychotherapie in meinem Selbstbewusstsein gestärkt worden wäre. Über das Thema »Kinder und Fernsehen« hatten wir schon häufiger diskutiert, doch Günter hält daran fest, dass die Kinder sich keinen Film im Fernsehen ansehen dürfen. Hannah hat sich nie wirklich dagegen aufgelehnt, auch wenn sie sich so manches Mal gerne einen Film angesehen hätte. Doch Robin ist da anders. Er ist wesentlich hartnäckiger in der Durchsetzung seiner Wünsche. Ich finde es nicht gut, dass die Kinder von der Fernsehwelt ausgeschlossen sind. Mittlerweile sind sie in einem Alter, wo ein vernünftiger Fernsehkonsum, d.h. zeitlich begrenzt und nur ausgewählte Sendungen, keine Schäden mehr anrichten können. Ein vernünftiges Heranführen mit dem Umgang des Fernsehprogramms kann für die Kinder nur hilfreich sein. Mit diesem Thema werden Günter und ich uns bestimmt in der nächsten Zeit noch häufiger beschäftigen. Da werde ich dann meine Argumente einsetzen müssen.

Durch diese Konfrontationen ist mir nochmals bewusst geworden, wie vehement ich meine Meinung und meine Interessen in unserer Beziehung vertreten muss. Ich muss meinen eigenen Wert stärker herausstellen und zu mir sagen: »Heike, du bist gut so, wie du bist. Du hast einen tollen Beruf, bist Akademikerin und kannst mit deinem Geld auf eigenen Beinen stehen.«
Ich denke, dass mich meine Erkrankung wieder näher zu mir

selbst gebracht hat. Ich lerne mehr an mich selbst zu denken und nicht fremdgesteuert mein Leben zu führen, um allen Menschen um mich herum gerecht zu werden. Die Psychotherapie bewirkt wohl im Unterbewusstsein so einiges. So manches Mal wundere ich mich über meine eigenen Reaktionen in bestimmten Situationen. Entweder reagiere ich schon automatisch anders als früher oder sehe mir die Situation zunächst genau an und treffe erst dann eine Entscheidung.

Donnerstag, 23. Oktober 2008

Heute hatte ich nach einer dreiwöchigen Pause wieder eine Therapiesitzung bei meiner Therapeutin. Als sie mich begrüßte, meinte sie, ich sähe entspannt aus. Ob das an meiner psychischen Verfassung liege oder an meiner Erkältung, fragte sie mich schließlich, woraufhin ich ihr antwortete, wohl eher an beidem.
Heutiges Thema war die Beziehung zu meinen Eltern und meine Rolle als Tochter. Es ist in der Familie wichtig, im Gespräch zu bleiben und Wünsche und Erwartungen auszusprechen, insbesondere weil Unausgesprochenes mehr Macht über den Menschen hat, als wenn es ausgesprochen wird. Das Wort »Zwang« ist heute auch immer wieder gefallen. Das Leben eines Menschen besteht aus vielen unbewussten Zwängen, aus denen man sich befreien muss. Dazu gehört zum Beispiel der Kontrollzwang von Außenstehenden. Erst wenn man sich von diesen Zwängen befreit, kann man ein selbstbestimmtes Leben führen. In der Theorie hört sich das alles toll an, aber es in die Praxis umzusetzen, ist etwas schwieriger. Schwierig ja, aber vielleicht in kleinen Schritten und auf lange Sicht durchführbar.

Die Psychotherapeutin fragte mich, wie jetzt meine Zeiten der Entspannung aussehen würden, da es draußen nicht mehr so warm sei, um mich in den Liegestuhl legen zu können. Zunächst wusste ich nicht so recht, was ich ihr antworten sollte. Doch jetzt kann ich die Frage schon eher beantworten.
Zurzeit sitze ich im Sessel und habe meine Füße entspannt vor dem Kamin abgelegt. Das Feuer knistert hinter der Glasscheibe und die aufsteigende wärmende Hitze erreicht sogar mein Gesicht. Wenn ich längere Zeit in die Flammen schaue, wirken sie schon fast hypnotisierend auf mich. Ich werde dann immer ruhiger und meine Gedanken schweifen davon. Die Katze hat es sich auch auf dem Sessel neben mir gemütlich gemacht. Sobald ich mich irgendwo hinsetze, sucht die Katze sofort meine Nähe und legt sich entweder auf meinen Schoß oder neben mich. Um es mir hier gemütlicher zu machen, habe ich leise Meditationsmusik im Hintergrund laufen und die Lichterketten an der Wand und die Kerzen auf dem Tisch und dem Kamin angezündet. Da ich vorhin eine Mandarine gegessen habe, duftet es im ganzen Wohnzimmer frisch-fruchtig. Also, ich fühle mich wohl und es geht mir gut. Das wäre wohl die Antwort auf die gestellte Frage gewesen.

Montag, 27. Oktober 2008

Heute ist ein verregneter Herbsttag. Vor lauter dunklen Wolken am Himmel wird es gar nicht richtig hell. Meine Erkältung habe ich nun schon seit drei Wochen; mein Kopf ist immer noch nicht frei. So wie das Wetter draußen vor der Tür ist, so fühle ich mich auch. Ich bin zwar nicht depressiv, dafür aber antriebslos, müde und träge. Am liebsten würde ich mich auf die Couch legen und gar nichts tun.

Gestern waren wir zum »Mantelsonntag« im Nachbarstädtchen. Es war verkaufsoffener Sonntag und Massen von Menschen drängten sich durch die Einkaufsstraßen. Durch den Anblick der großen Menschenmasse habe ich ein leichtes Schwindelgefühl bekommen. Ich habe mich nicht besonders gut gefühlt, obwohl der Tapetenwechsel und die frische Luft mir eigentlich gutgetan haben.

Donnerstag, 30. Oktober 2008

Wenn ich einen Rückblick halte und meinen Krankheitsverlauf verfolge, erkenne ich, dass ich emotional und körperlich stabiler werde und besser am alltäglichen Leben teilnehmen kann. Heute ging es mir gut. Vormittags hatte ich ein längeres Gespräch mit meiner Nachbarin, das sich hauptsächlich auf der Metaebene abgespielt hat. Danach habe ich mich ins Internet begeben und nach Geburtstagsgeschenke für Robin und Weihnachtsgeschenken für beide Kinder recherchiert. Gegen Mittag beschäftigten mich dann Gedanken über den Sinn unseres Lebens hier auf der Erde. Dabei kam mir besonders das Leben, das wir uns schaffen, besonders kleinkariert vor. Das wirklich Wichtige im Leben ist, dass man ein zufriedenes und ausgefülltes Leben führt. Nur stellt sich mir weiterhin die Frage, warum wir Menschen auf der Erde sind. Welche kosmische Bedeutung hat der Mensch auf der Erde? Da wir nur mit einem eingeschränkt funktionierenden Gehirn ausgestattet sind, können wir auf diese Frage nur Vermutungen zu unserer Existenzberechtigung wagen. Gibt es einen Gott, einen Erschaffer dieses Weltalls? Irgendwoher müssen wir doch kommen und irgendwohin nach unserem Tod gehen. Alle diese Fragen führen in ein Labyrinth von Fragen ohne Antworten oder nur zu unbefriedigenden Antworten, sodass man irgendwann aufhört weiterzufragen.

Sinn und Unsinn unseres Lebens liegen wohl sehr nahe beieinander. Viele Menschen versuchen durch übermäßige Arbeit ihre Gedanken zu betäuben. Doch wenn man wie ich Zeit zum Erholen und Nachdenken geschenkt bekommt, stößt man früher oder später auf solche Gedanken.

Welchen Sinn meine Depression hat, ist mir mittlerweile bewusst. Die Depression ist für mich ein Schutzmechanismus, damit ich gezwungen werde zu lernen, mit den mir zur Verfügung stehenden Kräften zu haushalten. Da ich lange Zeit über meine eigenen Grenzen hinausgegangen bin, zum Teil selbstverschuldet, zum Teil durch körperliche Erkrankungen wie meine Endometriose und die Rückenschmerzen, musste mir mein Körper schließlich die Grenzen setzen. Meine Psyche sagte mir: »Halt, bis hierhin und nicht weiter!« Ich hätte ansonsten weitergemacht, bis ich gar nicht mehr gekonnt hätte. Heute ist es so, dass ich jeden Tag von Neuem mein Leben hinterfrage. Jede Handlung, die ich ausführe, wird von mir bewertet und auf ihren Sinn hinterfragt. Nur so kann ich wieder ganz zu mir selbst finden, um dann mein Leben und nicht ein fremdbestimmtes Leben zu führen. Gut, dass ich eine nette und kompetente Psychotherapeutin gefunden habe. Sie unterstützt mich tatkräftig auf meinem Weg zu mir selbst. Endlich kann ich wieder träumen und mich am Leben, insbesondere an Kleinigkeiten, erfreuen. Ich habe es heute Nachmittag genossen, mit meinen Kindern zum Weltspartag zu gehen, in ein paar Geschäften einzukaufen und zum Abschluss ein Eis in der Eisdiele zu essen. Beide Kinder waren den ganzen Nachmittag sehr lieb. Danke, lieber Gott, für diesen schönen Tag.

Montag, 3. November 2008

So, nun bin ich 40 Jahre alt. Gefeiert habe ich mit meiner Familie in der Jugendherberge in Essen, wo wir uns drei Tage aufgehalten haben. An meinem Geburtstag sind wir nachmittags nach Bochum zu Starlight Express gefahren. Den Kindern und uns hat es richtig gut gefallen. Mittags haben wir eine leckere Pizza gegessen. Es war ein schöner Kurzurlaub, aber ich möchte trotzdem meinen Geburtstag mit ein paar Freundinnen feiern. Dabei habe ich an Raclette und Fondue gedacht. Ich muss mal einen Rundruf starten und fragen, wann die Einzelnen Zeit haben.

Nun ist wieder der Alltag eingekehrt. Ich war heute Vormittag im Fitness-Studio und habe noch ein paar Einkäufe erledigt. Gleich kommt Hannah von der Schule nach Hause und dann muss ich Robin vom Kindergarten abholen.

Dienstag, 4. November 2008

Heute ist ein herrlicher Novembertag. Die Sonne scheint und es zeigt sich ein fast wolkenloser Himmel. Da wir die Gartenmöbel schon zusammengeräumt und winterfest verpackt haben, habe ich mir einen Wohnzimmerstuhl auf die Terrasse gestellt und sitze, in einer Decke eingekuschelt, in der Sonne und genieße die warmen Sonnenstrahlen. Um mich herum ist es sehr still. Es sind kaum noch Vögel da und auch draußen scheinen sich nicht viele Menschen aufzuhalten. Ich genieße die himmlische Ruhe. Momo hat sich zu mir auf die Decke gesetzt und lässt sich von mir streicheln.

Vorhin habe ich mit einer Freundin telefoniert. Vor acht Wochen hat sie Zwillinge auf die Welt gebracht und es geht ihnen den Umständen entsprechend gut. Wir haben über eine Stunde miteinander telefoniert. Sie hat mir von ihrem Alltag und ich habe ihr von meinen kleinen Veränderungen in unserem Leben erzählt.

Gedanklich beschäftige ich mich im Moment damit, wie es in der Zukunft bei mir beruflich weitergehen wird. Vorerst will ich nicht mit einer höheren Stundenzahl einsteigen. Die acht Unterrichtsstunden reichen mir momentan und ich könnte mir auch vorstellen, die nächsten Jahre so weiterzumachen. Das würde für mich bedeuten, dass ich keine Klassenleitung übernehmen könnte. Nach wie vor finde ich es reizvoll, die Verantwortung für eine Klasse zu haben. Doch in meiner momentanen Situation ist es für mich nicht leistbar, wieder voll in den Beruf einzusteigen und gleichzeitig den Haushalt zu machen und die Kinder zu versorgen. Wer dann auf der Strecke bleibt, ist eindeutig. Solange mich die Kinder brauchen, will ich ihnen auch die Zeit geben. Außerdem möchte ich selbst mein Leben genießen und nicht nur tagein und tagaus funktionieren bzw. so ausgepowert sein, dass ich abends nur noch in den Seilen hänge. Langeweile habe ich zur Zeit keine. Ich fülle mir meine Freizeit mit Bücherlesen, Bildermalen und der Übertragung meiner handschriftlichen Notizen in den Computer. Darüber hinaus besuche ich das Fitness-Studio und einen Yogakurs. Wenn das Wetter es ermöglicht und ich Lust dazu habe, gehe ich wandern. Aber jetzt ist es einfach nur herrlich hier auf der Terrasse. Ich liebe es, die warmen Sonnenstrahlen auf meinem Gesicht zu spüren. Es wirkt sehr entspannend.

Sonntag, 7. November 2008

Am Freitag war ich zur amtsärztlichen Untersuchung. Dort wurde meine Dienstfähigkeit überprüft. Da ich den weiten Weg nicht alleine fahren wollte, ist Günter mit mir gefahren. Da er sich zu diesem Anlass einen Tag Urlaub genommen hatte, wollte er auch bei der Untersuchung dabei sein. Der Amtsarzt weigerte sich jedoch und hätte sogar den Termin verschoben, wenn ich mich nicht bereit erklärt hätte, alleine an der Untersuchung teilzunehmen. Wenn ich mir jetzt die Situation wieder vor Augen führe, wie die zwei Männer, der Amtsarzt und Günter, sich beim Eingangsgespräch gegenüberstanden, entsteht in meinem Inneren ein Bild von zwei kampflustigen Hähnen. Vehement versuchte Günter bei meiner Untersuchung anwesend sein zu dürfen. Der Amtsarzt hingegen ging auf keinen Kompromiss ein, sondern blieb stur bei seinem Konzept. Durch diesen Einstieg waren jedoch die Fronten geklärt. Der Amtsarzt wusste nun, wenn er einen Fehler begehen würde, dass er nicht, ohne Federn zu lassen, aus dieser Sache herauskommen würde. Das anschließende Gespräch verlief besser, als ich erwartet hatte. Der Amtsarzt hat mich bis zum 1. Februar 2009 krankgeschrieben. Danach muss ich meinen Dienst wieder antreten.

Nun beschäftige ich mich mit den Veränderungen, die auf mich zukommen, wenn ich wieder arbeiten gehe. Da mir noch fast drei Monate Zeit bleiben, um gesund zu werden, kann ich mich in Ruhe auf meinen Wiedereinstieg vorbereiten. Ich denke, dass der Zeitpunkt des Arbeitens gut gewählt ist. Momentan fühle ich mich gut. Ich merke kaum noch Auswirkungen von meiner Depression. Den Alltag bekomme ich ganz gut bewältigt. Wenn ich in meinen

Beruf einsteige, darf ich mich nicht zu sehr in die Arbeit stürzen und muss mir genügend Freiräume schaffen. Ich denke, dass wir eine Putzfrau einstellen werden, sodass ich in meiner verbleibenden Freizeit mehr Zeit für mich habe. Ich hoffe, dass ich mir auch nachmittags mehr Auszeiten nehmen kann, da die Kinder älter und auch hoffentlich vernünftiger werden. Positiv ist für mich, dass ich an meinen Bildern weitermalen kann, auch dann, wenn die Kinder um mich herum sind. Sie stören mich dann nicht. Das Malen wirkt sehr beruhigend und ausgleichend auf mich. Wenn ich ausgepowert bin, vergesse ich während des Malens sogar meine Müdigkeit. Ich bin froh, dass ich solch einen Ausgleich für mich gefunden habe. Meistens höre ich Musik während des Malens. Die leise Musik im Hintergrund unterstützt zusätzlich meinen Abschaltungsprozess und schenkt mir eine innere Ruhe.

Immer wieder verspüre ich das Bedürfnis, mich zu bewegen und Sport zu treiben. Das Wandern durch den schönen Herbstwald löst bei mir Gedankengänge aus, wobei ich anschließend häufig Antworten auf offene Fragen finde. Es wirkt dann sehr befreiend und entspannend auf mich. Die durch die Psychotherapie ausgelösten Gedankengänge werfen neue Fragen in vielen Bereichen meines Lebens auf. Bei ihrer Beantwortung komme ich häufig zu dem gleichen Ergebnis wie vorher, aber manchmal finde ich neue Lösungen und suche mir dann neue Wege. Nachts träume ich auch häufig von meinen Problemen. Morgens sind mir dann nur noch Bruchstücke meines Traumes in Erinnerung.
Mein großes Bedürfnis, Tagebuch zu schreiben und alleine mit mir selbst zu sein, zeigt mir, wie viel Zeit ich noch für mich alleine brauche. Ob das an meinem Heilungsprozess liegt oder ob

ich der Typ Mensch bin, der sehr viel Zeit für sich braucht, kann ich nicht beantworten. Wahrscheinlich liegt von beidem etwas vor.

Montag, 17. November 2008

Seit einigen Tagen kreisen mir immer wieder zwei Sätze im Kopf herum:
»Heike, pass auf dich auf!« (Ein Bekannter, der sich besonders um Günter gekümmert hat, als ich in der Klinik war, verabschiedete sich mit diesem Satz von mir.) und »Was machst du bloß für Sachen? Deine Kinder und dein Mann brauchen dich doch noch!« (Kurz nach meinem Klinikaufenthalt sprach ein sehr alter Dorfbewohner mich an, der mir während des Gesprächs etwas unbeholfen auf die Schulter klopfte.) Diese zwei Sätze sind sehr aussagekräftig für mich; sie fassen mein ganzes momentanes Denken zusammen und bringen es auf einen gemeinsamen Nenner. Nur wenn ich auf mich selbst aufpasse, kann ich auch eine gute Mutter und Ehefrau sein. Nur so können wir ein frohes und lebendiges Familienleben führen.

Am Samstagabend sind Günter und ich in die Sauna gefahren. Ich fand es sehr entspannend. Die Alltagssorgen sind für eine Zeit von uns gewichen und wir hatten füreinander Zeit.

Dienstag, 18. November 2008

Beim Übertragen meiner Tagebuchaufzeichnungen in den PC habe ich eine innere Motivation gespürt. Heute Nachmittag saß ich einige Stunden vor dem Computer und habe etliche Seiten aus meinem Tagebuch übertragen. Es fällt mir allmählich leichter, meine Gedanken zu formulieren. Wenn ich mich in vergangene Situationen aus meinem Leben erinnere, sehe ich sie ganz deutlich vor meinen Augen und kann zum Teil nachempfinden, wie es mir ergangen ist. Wenn ich die Zeit von damals mit heute vergleiche, kann ich große Fortschritte bei mir feststellen. Es hat sich schon vieles in meinem Leben geändert, vor allem die kleinen Dinge, die ein Beobachter von außen kaum erfassen kann.

Seitdem ich meine Eintragungen übertrage, beschäftige ich mich wieder stärker mit dem Thema Depression. Ich habe mir ein Ratgeberbuch zu diesem Thema in die Hand genommen und konnte feststellen, dass ich einiges des Gelesenen auf mich übertragen kann. Ich bin auf meinem Weg aus der Depression schon weit vorwärtsgekommen. An mir selbst ist mir aufgefallen, dass ich verstärkt die kleinen Dinge im Leben wahrnehme und mich daran erfreuen kann. Ich sehe meine Erkrankung nach wie vor als eine Chance, aus meinem früher eher krank machenden Alltag auszubrechen und meinem Leben eine neue Richtung zu geben. Zurzeit fühle ich mich wohl in meiner Haut. Es geht mir gut. Ich finde immer mehr zu mir selbst und kann mich selbst wieder fühlen. Ich bin sehr dankbar für diesen Neubeginn.

Donnerstag, 20. November 2008

Heute feiert Robin seinen fünften Geburtstag. Er war schon früh aufgestanden, um nur nichts an diesem wichtigen Tag zu verpassen. In der Küche fand er einen mit Geschenken beladenen Ge-

burtstagstisch vor. Fünf kleine Kerzen brannten auf einem Herzkuchen und verkündeten seinen fünften Geburtstag. Um dem ganzen Ambiente einen noch feierlicheren Charakter zu verleihen, habe ich den Raum mit ein paar Luftballons geschmückt.
Seine Augen strahlten eine kindliche Freude aus, als er sich an das Auspacken seiner Geschenke begab. Zum Vorschein kamen ein Bagger von Bruder, vier Rundballen für die Heuernte und ein Vorlesebuch mit acht lustigen Bildergeschichten. Die größte Freude empfand er wohl nach dem Auspacken eines Teddys. Obwohl schon Dutzende von Kuscheltieren sich in seinem Bett herumtreiben, hatte er sich doch so sehr noch einen Teddy, der aussehen sollte wie der auf seiner Bettwäsche, gewünscht. Er hat ihn Tabaluga getauft.
Seine Schwester hat natürlich auch sofort ein Auge auf dieses begehrte Objekt geworfen. Als sie mittags aus der Schule nach Hause kam, hat sie dem Bären einen roten Wollmantel angezogen, einen Mutterbären besorgt und ihn dann mit einer kleinen Milchflasche gefüttert. Zum Glück konnte Robin das nicht sehen, weil er noch im Kindergarten war. Ansonsten wäre das Geschrei groß gewesen. Welche Muttergefühle doch bei meiner siebenjährigen Tochter erwachen, wenn ihr ein kleiner Bär begegnet und man zudem bedenkt, dass wir Baby Born und das ganze Zubehör schon vor über einem Jahr auf den Speicher gebracht haben. Sie hatten über längere Zeit unangetastet zwischen Playmobil, Legosteinen und Co. im Kinderzimmer ihr Schicksal verbracht.

Heute Nachmittag kamen vier Kinder zum Spielen. Die drei Jungs spielten bis zum Einbruch der Dunkelheit draußen. Auf dem Dach des Spielhäuschens hatten sie es sich mit Regenschirmen und Proviant in Form von Schokocroissants, Smarties und Apfelschorle gemütlich gemacht. Wie ich später erfahren konnte, feierten sie dort bei Nieselregen Robins Geburtstag. Die drei Mädels hatten sich in der Küche verschanzt. Mit Mehl und jeder Menge Wasser kochten sie in unzähligen Töpfchen ihre Süppchen. Eine Stunde später fand ich die Küche wieder aufgeräumt vor. So sahen das zumindest die drei Köchinnen. Der Tisch hatte einen weißen Anstrich bekommen und auf den Stühlen waren noch kleine Pfützen mit Mehlwasser zu sehen. In der ganzen Küche waren Mehlklümpchen verteilt.

Was ich bei dem alltäglichen Wahnsinn feststellen kann, ist, dass mir der ganze Lärm und das Durcheinander nichts mehr ausmachen. Ich bin mittlerweile psychisch so stabil, dass ich alles mit einer größeren Leichtigkeit ertragen kann. Eine Wiederholung des heutigen Tages kann jedoch noch ein paar Tage auf sich warten lassen.

Freitag, 21. November 2008

Heute Morgen war ich schon vor acht Uhr im Fitness-Studio und habe mehrere Übungen unter Anleitung einer Physiotherapeutin im Spacecurl gemacht. Das war verdammt anstrengend, da man dabei sich nicht selbst austricksen kann. Man schwebt in diesem runden Teil, fast wie im Weltall, natürlich aber an Füßen und Becken fixiert. Es macht mir totalen Spaß mich selbst rundzuschleudern. Aus physiotherapeutischer Sicht bewirkt es wohl eine ganze Menge, weil beide Körperhälften gleichmäßig beansprucht werden. Eine Schonhaltung ist nicht möglich. Danach habe ich mich an die Geräte begeben und meine gewohnten Übungen durchgeführt. Um mich herum trainierten einige Frauen mittleren Alters, denen ich regelmäßig hier begegne. Es ist fast so wie in einer großen Familie. Langweilig wird es nie, zumal der Fernseher für den Notfall im Hintergrund läuft. Von einer »Muckibude« im eigentlichen Sinne kann man hier nicht sprechen, da die meisten, überwiegend Frauen, zum Ausdauer- und Krafttraining vormittags hierher kommen.

Samstag, 22. November 2008

Gestern Abend hat der Winter Einzug gehalten. Die Meteorologen haben schon frühzeitig vor diesem Wintereinbruch gewarnt. Mit vielen Meldungen vor möglichen Gefahren wie Glatteis, heftigen Schneefällen und Gewitter haben sie Furore gemacht. Mir wurde es ganz schön mulmig, als ich davon gehört habe. Als ich am Mittwochmorgen eine Meldung dazu im Trierischen Volksfreund gelesen habe, die von einem halben Meter Schnee berichtete, überkam mich eine Angst, die ich nicht so einfach von mir schütteln konnte. Ich erinnerte mich an eine meiner ersten Panikattacken, die mich im letzten Winter bei einer Fahrt zur Schule auf rutschigen und verschneiten Straßen überkam. Ich war auf dem Weg zur Schule, als die Straßen immer rutschiger wurden. Da ich einigermaßen pünktlich in der Schule erscheinen wollte, blieb mir nichts anderes übrig, als mir einen Weg durch die verschneite Winterlandschaft zu bahnen. In der Schule angekommen war ich völlig ausgepowert und mir war speiübel schlecht. Am liebsten hätte ich mich irgendwo hingelegt, aber dafür gab es keinen geeigneten Platz. Zum Glück war ich in der ersten Unterrichtsphase mit einer Kollegin zusammen eingeteilt, sodass ich mich etwas zurückziehen konnte. An diesem Morgen kamen viele Kinder zu spät zum Unterricht, da die Busse wohl mit ähnlichen Schwierigkeiten zu kämpfen hatten.

Mit meiner Therapeutin habe ich über meine erneute Angst gesprochen. Sie gab mir den Rat, mich meiner Angst zu stellen. Ich solle auf keinen Fall das Autofahren auf verschneiter Straße vermeiden, da sich aus meiner Angst ein Zwang entwickeln könnte. Und Zwänge seien aus psychologischer Sicht sehr schwer zu therapieren. Als ich mich in meinem Bekanntenkreis über diese Angst unterhielt, musste ich feststellen, dass es vielen von ihnen so ähnlich ging wie mir. Auch sie hatten Angst, auf den verschneiten Straßen zu fahren, und konnten bei sich selbst feststellen, dass diese Angst mit zunehmendem Alter zugenommen hat. Wenn man in der Eifel wohnt, muss man sich diesem Problem wohl oder übel stellen. Die Schneemengen und die Häufigkeit von Schneefällen haben sich jedoch in den letzten zehn Jahren aufgrund des Klimawandels sehr reduziert.

Sonntag, 23. November 2008

Heute haben wir Robins Geburtstag mit der Verwandtschaft gefeiert. Dazu eingeladen waren die Omas und Opas sowie Patin und Pate mit Familie und meine Schwester mit Familie hier aus unserem Dorf. Insgesamt waren wir achtzehn Personen, davon sieben Kinder. Es war ein lustiger Nachmittag. Wir haben gemütlich Kaffee getrunken und Kuchen gegessen und uns miteinander unterhalten, während die Kinder das Haus unsicher gemacht haben. Da es wieder stark anfing zu schneien, sind die Kinder zwischendurch nach draußen gegangen. Mit Schneeschaufeln bewaffnet haben sie den Hof von einer mittlerweile recht ansehnlichen Schneeschicht befreit. Als ihnen das Schneeschaufeln langweilig wurde, haben sie sich gegenseitig mit Schnee beworfen.

Die Vorbereitung für dieses Fest hat mich zwei Tage gekostet. Am Freitag haben wir unser Haus auf Hochglanz gebracht und der Samstag war für die kulinarischen Vorbereitungen reserviert. Es gab verschiedene Kuchen, belegte Brötchen und zum Abendessen Pizzasuppe mit Schokocreme als Nachtisch.
Am kommenden Mittwoch erwartet uns dann noch der Kindergeburtstag mit insgesamt sechs Kindern. Das Prinzip, so alt wie ich werde, so viele Kinder darf ich einladen, hat er sogar noch unterboten. Vier Kinder hat er eingeladen, mit denen er den größten Teil seiner Freizeit verbringt. Die Geburtstagsfeier war ein Highlight an diesem verschneiten und dunklen Novembertag. So kam auch kein Novemberblues auf. Das dunkle Wetter im November und auch im Dezember macht mir nicht so sehr zu schaffen. Durch die vielen Geburtstagsfeiern und die Vorbereitungen für das Weihnachtsfest ist viel Abwechslung angesagt. Dann finden noch die Weihnachtsmärkte in den einzelnen Dörfern statt, wo man bei einem netten Plausch einen Glühwein trinken und den weihnachtlichen Klängen lauschen kann. Wenn es dann noch schneit und die Temperaturen unter den Gefrierpunkt fallen, wird es so richtig gemütlich. Dann ist es auch nicht so schlimm, wenn es abends so früh dunkel wird. Anschließend ist dann Aufwärmen am brennenden Kamin zu Hause angesagt. Wenn wir dann noch Zeit finden, wird mit den Kindern kräftig gebastelt, das ganze Haus weihnachtlich bzw. winterlich geschmückt und noch leckere Plätzchen gebacken. In den letzten Jahren haben wir an ein oder

zwei Sonntagen jeweils einen großen Backtag eingelegt. Dann waren die meisten Plätzchendosen schon mit wohlduftenden Leckereien gefüllt. Dieses Jahr hatten wir noch keine Zeit zum Plätzchenbacken, obwohl ich alle Zutaten schon gekauft habe. Vielleicht ergibt sich ja am nächsten Wochenende eine Gelegenheit dazu.

Bei all der Arbeit geht es mir psychisch ganz gut. Ich habe keinerlei Beschwerden. Jedoch habe ich mir vorgenommen, in den nächsten Tagen etwas ruhiger zu machen.

Dienstag, 25. November 2008

Die Überarbeitung und Übertragung meiner Tagebuchaufzeichnungen am Computer scheint mich schon süchtig zu machen. Heute sitze ich zum dritten Mal im Büro und schreibe meine Gedanken auf. Das Schreiben hat mich wie ein Fieber erfasst. Es macht mir Spaß, meinen Gedanken freien Lauf zu lassen. Auch fällt es mir immer leichter, mich in die vergangene Zeit zurückzuversetzen und sie zu überarbeiten. Wenn ich dann in meinem Tagebuch lese und mich in den Inhalt vertiefe, scheint für mich die Zeit stehen zu bleiben. Ich kann die vergangenen Tage gut zurückverfolgen und die geschilderten Gefühle nachempfinden. Auch an viele Einzelheiten kann ich mich gut erinnern. Positiv zu sehen ist der langsame, aber stetige Gesundungsprozess, auch wenn ich zwischendurch immer wieder mit Tiefphasen zu kämpfen habe.

Heute Abend war ich wieder zum Yoga. Mittlerweile ist der Dienstagabend für mich der Yogaabend. Diese anderthalb Stun-

den bin ich nur für mich da. Ich kann mich auf meiner Matte ausstrecken und mich von der Yogalehrerin leiten lassen. Zu Beginn legen wir uns auf die Matte, schließen die Augen und folgen der Meditation der Leiterin. An jedem Abend steht ein anderes Thema an. Heute stand die »Liebe« im Mittelpunkt. Zu diesem Thema referierte die Yogaleiterin und durchleuchtete das Thema unter verschiedenen Aspekten. Jedem ist es freigestellt, ob er sich den Gedankengängen anschließt oder seinen Gedanken freien Lauf lässt. Das Abendthema wird dann auch während der einzelnen Yogaübungen immer wieder aufgegriffen. Die verschiedenen Yogaübungen werden im Einzelnen erklärt und ihre Bedeutung für unseren Körper kurz erläutert. Zu jeder Übung wird eine Gegenübung durchgeführt. Bei den Yogaübungen handelt es sich um sanfte Dehn- und Kräftigungsübungen. Jeder kann sie so weit mitmachen, wie es seine körperliche Befindlichkeit zulässt.
Am Ende der Yogastunde verabschieden wir uns nach traditioneller chinesischer Art voneinander mit einer leichten Verbeugung. Das Schöne an dieser Yogastunde ist die Ruhe und Stille im Übungsraum. Jeder ist auf sich selbst konzentriert; es kommt nicht zu unnötigen Störungen durch mögliches Gerede untereinander.

Gedankengänge, die heute Abend angeregt wurden und mir noch in Erinnerung geblieben sind:

- Yoga ist eine von vielen Methoden, um zur inneren Ruhe zu finden. Erst in der inneren Ruhe finden wir die Kraft, um den Alltag zu bewältigen. Hier können wir unsere Batterien wieder aufladen.
- Alles in unserem Leben sollen wir mit einer inneren Liebe betrachten.

- Ein verfolgtes Ziel kann man erreichen, wenn man es konsequent und kontinuierlich anstrebt. Wir haben viele Ziele, die wir aber häufig aus den Augen verlieren und somit nie erreichen. Erst wenn wir uns immer wieder daran erinnern, können wir sie auch erreichen. Jedoch ist bei der Verfolgung eines Zieles darauf zu achten, dass niemand dabei geschädigt wird, weder ein Fremder noch wir selbst.

Von den vielen Anregungen fallen mir leider nur noch wenige Gedankengänge ein. Aber die für mich bedeutsamen sind mir in Erinnerung geblieben. Auffallend ist, dass sowohl beim Yoga als auch in der Psychotherapie immer wieder ähnliche Themen angeschnitten werden. Fast könnte man sagen, dass die Yogaveranstaltung eine Art von Psychotherapie ist. Sie ist zwar sehr allgemein gefasst und spricht auch nicht immer jeden an, aber es finden sich häufig Gedankengänge, die mich beschäftigen und auf meinem Weg ein Stück voranbringen.

Mittwoch, 26. November 2008

Heute hatte ich wieder eine psychotherapeutische Sitzung. Ich gehe recht gerne hierhin. Meistens fühle ich mich auch hinterher recht gut, manchmal aber auch ganz schön ausgelaugt. Zum Ausgleich gehe ich dann anschließend ins Fitness-Studio und powere mich so richtig aus. Dann habe ich sowohl etwas für die Psyche als auch für den Körper getan.
Heute Morgen haben wir uns über die schwierige Situation in der Schule unterhalten. Als Lehrer ist man nicht nur im pädagogischen und bildenden Bereich gefragt, sondern häufig auch als

Psychologe oder Sozialarbeiter. Doch die Lehrerausbildung hat die zwei letztgenannten Bereiche nicht im Programm. Ich selbst habe während meiner beruflichen Laufbahn als Lehrer viele Fälle erlebt, wo ich an meine Grenzen gestoßen bin und mir mehr psychologisches Hintergrundwissen gewünscht hätte. Mit sexuellem Missbrauch, Gewalt, Alkohol, Drogen und Verwahrlosung kommen immer mehr Kinder in unserer Gesellschaft, so auch hier auf dem Land, in Berührung, was zu erheblichen Auswirkungen auch im schulischen Bereich führt. Doch als Lehrer fühle ich mich damit überfordert und alleine gelassen. An manchen Schulen sind zwar Förderlehrer eingesetzt, die die leistungsschwächeren Kinder fördern, aber keine Zeit haben, sich um die verhaltensauffälligen Schüler zu kümmern.
Auch in den Grundschulen müssten psychologisches Personal, Seelsorger und Sozialarbeiter/-pädagogen in ausreichender Stundenzahl zur Verfügung stehen. Darüber hinaus sollten für jeden Lehrer Supervisionen angeboten werden, um den ganzen seelischen Müll, mit dem man während des Schultages zugeschüttet wird, zu verarbeiten. Ich selbst habe mir in der Vergangenheit nach einem anstrengenden Schulvormittag während des Mittagessens bei meinem Mann alles Belastende von der Seele geredet, sodass ich mich danach wieder einigermaßen respektabel fühlte.

Das Thema der heutigen Psychotherapie hat viele Erinnerungen in mir geweckt, die ich bis dahin verdrängt hatte. Durch meine Elternzeit und den anschließenden beruflichen Einstieg mit nur zehn von fünfundzwanzig Stunden habe ich mehr Distanz zum schulischen Alltag bekommen. Einen Wiedereinstieg mit einer Dreiviertelstelle oder Vollzeit kann ich mir im Moment nicht vorstellen, da ich durch die Kinder und den Haushalt zusätzlich belastet bin. Zwar kann ich Teile der Hausarbeit an bezahltes Personal abgeben, doch die Verantwortung für meine Kinder möchte ich so weit wie möglich selbst übernehmen. So werde ich auch in den nächsten Jahren nur Unterteilzeit arbeiten können, auch wenn die Klassenleitung eine größere Herausforderung ist, mehr Anerkennung, aber auch Kritik beinhaltet, jedoch auf jeden Fall mehr Spaß macht. Doch als Hausfrau, Mutter und beruflicher Wiedereinsteiger muss ich einen Balanceakt herstellen, den ich immer wieder neu ausbalancieren muss.

Da ich voraussichtlich am 1. Februar 2009 wieder in den Schuldienst einsteige, so hat der Amtsarzt nach einem einstündigen Gespräch zumindest festgelegt, muss ich mich diesem Thema allmählich stellen. Zurzeit habe ich für mich viele Stunden im Tagesablauf eingeplant. Diese Zeit brauche ich für mich und meine Gesundung. Doch ab dem 1. Februar nächsten Jahres wird das anders aussehen, weil dann durch meinen Beruf weniger freie Zeit übrig bleibt. Zur Entlastung habe ich mich für eine Putzfrau entschieden, die dann einmal in der Woche das Haus putzen und vielleicht noch Wäsche bügeln soll. Nach meinen letzten Erfahrungen mit Putzfrauen, das war vor etwa sechs Jahren, als ich nach Hannahs Elternzeit wieder in meinen Beruf eingestiegen bin, wollte ich nie mehr in die Lage versetzt werden, von einer Putzfrau abhängig zu sein. Unsere erste Putzfrau hat wohl mehr ferngesehen als geputzt und die zweite war zwar sehr ordentlich, aber nicht zuverlässig. Entweder waren ihre Kinder oder sie selbst krank oder sie musste dann zur gleichen Zeit in einem Hotel arbeiten und konnte nicht zu uns kommen. Nach einem Jahr war ich erleichtert, als ich die Arbeit wieder selbst übernehmen konnte, da ich zu diesem Zeitpunkt in Elternzeit mit Robin ging. Nun heißt es wieder umdenken und mich für eine Veränderung öffnen.

Noch eine weitere Äußerung von meiner Therapeutin beschäftigt mich zurzeit. Als sie mich fragte, was ich nach der Therapie mache, erzählte ich ihr, dass ich die Aufzeichnungen meines Tagebuches weiter in den Computer übertrage. Sie meinte daraufhin, dass es für die Psychotherapie von Vorteil sei, wenn sich die Patienten mit dem Thema vertieft auseinandersetzen würden. Viele ihrer Patienten würden entweder ihre Gedanken aufschreiben oder zum Pinsel greifen. Durch diese Art der Beschäftigungen sei häufig ein schnellerer Fortschritt im Krankheitsverlauf zu verzeichnen, da man sich verstärkt mit den in der Therapie ausgelösten Gedanken beschäftige. Für mich ist mein Tagebuch eine Art Gesprächspartner, der mir zuhört und mir Zeit zum Nachdenken schenkt. Ich kann die Gedanken niederschreiben, die mich im Moment beschäftigen und werde dadurch wieder freier im Kopf. Es ist vergleichbar mit einem Einkaufszettel, der alle zu erledigenden Dinge enthält. Dann braucht man nicht ständig darüber nachzudenken, was noch alles zu erledigen ist. Dadurch, dass mein Kopf freier wird, kann ich wieder neue Gedanken und Ideen zulassen.

Donnerstag, 27. November 2008

Gestern haben wir den Kindergeburtstag von Robin gefeiert. Vier Kinder waren insgesamt eingeladen. Mit unseren Kindern waren es dann insgesamt sechs Kinder. Eigentlich war die Anzahl der Kinder überschaubar, doch sollte es trotzdem ein anstrengender Nachmittag werden. Um 15 Uhr ging es los. Nachdem alle Kinder eingetroffen waren, wurde zuerst das Geburtstagsgeschenk ausgepackt. Ein ferngesteuertes Rennauto wurde aus seiner Verpackung gerissen, die Batterien ins Auto montiert und sofort ausprobiert. Perfekt, das Auto flitzte gegen die Couch, die Stereoanlage und sonstiges Wohnzimmerzubehör. Daraufhin meinte ein Kind, dass man mit dem Auto nur im Freien fahren könnte. Es sei nämlich viel zu schnell. Da es mit den Wetterverhältnissen nicht zum Besten bestellt war, habe ich das Auto zunächst einmal außer Sichtweite gebracht und dann alle Kinder zum Geburtstagstisch gebeten. Auf dem Tisch fanden die Kinder einige Köstlichkeiten, wie Muffins mit Zuckerstreusel und einen Benjamin-Blümchenkuchen. Die passende Dekoration hatten wir zwar nicht, aber dafür hatten wir Mickey-Maus-Servietten und bunte Plastikbecher mit Strohhalmen. Während des Kuchenessens schlug Hannah vor, »Stoppessen« zu spielen. Ich verließ den Raum, um dem lauten Gekicher nicht ständig ausgesetzt zu sein. Anschließend spielten wir Topfschlagen. Als Überraschung gab es einen Flummi für alle Kinder. Nach dem Spiel fing das Fiasko an. Wir gingen nach draußen und stellten uns in zwei Mannschaften zum Bobby-Car-Rennen auf. Robin fing an zu mosern und wollte auf keinen Fall sein Bobby Car innerhalb der Mannschaft abgeben. Nach längerem Hin und Her starteten wir dann endlich. Doch Robin fuhr nicht die vorgegebene Strecke, sondern verlängerte den Fahrweg und war schließlich außer Sichtweite. Erst nach mehrmaligem Zurückrufen kam er, wollte aber nicht sein Bobby Car abgeben. Fünf Augenpaare verfolgten das ganze Spiel. Am Nachbarfenster wackelten auch schon die Gardinen. Scheinbar waren wir eine nette Unterhaltung an dem sonst eher tristen Novembertag. Es blieb mir nichts anderes übrig, als Robin von seinem Gefährt zu heben und es seiner Mannschaft zurückzugeben. Beim nächsten Start lief Robin in den Fahrweg. Als ich ihn nun endgültig disqualifizierte, war das Geschrei umso größer.

Beim dritten Start verkürzten die älteren Kinder den vorgeschriebenen Fahrweg und beschimpften sich gegenseitig. So weit, so gut. Fluchtartig verließen wir den Schauplatz und kehrten ins Haus zurück. Fürs Erste hatte ich vom Bobby-Car-Rennen die Nase voll. Im Haus bemalten wir Stofftaschen, die es schon vorgezeichnet zu kaufen gab. Damit Robin wieder zur Ruhe kam, musste ich mich zu ihm setzen und ihm die Stifte zum Malen reichen. Was tut man nicht alles um des lieben Frieden willens vor allem wenn man Kindergeburtstag feiert. Danach kam Günter von der Arbeit und spielte noch diverse Spiele mit den Kindern. Besonders Verstecken im ganzen Haus war gefragt. Vor dem Abendessen machten sich die Kinder zur Nachtwanderung mit integrierter Schatzsuche bereit, da es schon um 17 Uhr zu dämmern begann. Es muss ja wenigstens einen Vorteil haben, wenn man im November Geburtstag feiert und nur begrenzt Spielmöglichkeiten hat. Als die Kinder dann mit roten Bäckchen und ihrem Schatz, einer Tüte Süßigkeiten, ins Haus gestürmt kamen, hatte ich bereits den Abendtisch gedeckt. Minipizza, Pommes frites und Wiener Würstchen mit Ketchup gab es für alle. Dann war es zum Glück so weit, dass alle Kinder nach und nach abgeholt wurden und wir uns dem Chaos im ganzen Haus widmen konnten. Todmüde fiel ich um 21 Uhr ins Bett. Animation und kulinarische Versorgung einer sechsköpfigen Rasselbande können doch ganz schön anstrengend sein, besonders dann, wenn man auch noch erzieherische Maßnahmen bei den eigenen Sprösslingen ergreifen muss.

Freitag, 28. November 2008

Vormittags, 12 Uhr

Heute Nachmittag feiert das 2. Schuljahr meiner Tochter ein Buchstabenfest in der Schule. Die letzten Buchstaben sind erarbeitet worden, sodass die Kinder nun alle Buchstaben kennen. Wegen meiner Garderobe habe ich mir auch schon ein paar Gedanken gemacht. Ich werde die Gelegenheit nutzen und mich ein wenig herausputzen. Als momentane Hausfrau habe ich selten Gelegenheit, meine etwas bessere Kleidung zu tragen. Zu Hause laufe ich mit Jeans oder Jogginghose, Schlabberpulli und Birkenstock herum. Es ist einfach gemütlich und unkompliziert. Auch der Kajalstift bleibt im Badezimmer unberührt. Doch heute Nachmittag werde ich einen karierten Rock, schwarze, hohe Winterstiefel und einen schwarzen Rolli tragen. Das winterliche Outfit zeigt einen Teil meines neuen Ich, nämlich die feminine Seite in mir. So weiblich habe ich mich in den letzten Jahren kaum noch angezogen. Zum einen waren Jeans und Pulli pflegeleichter, wenn ich mit den Kindern unterwegs war, und zum anderen spürte ich bis vor einiger Zeit kaum die richtige Lust, mich schicker anzuziehen.

Mal abwarten, wie es heute Nachmittag wird. Gerade kommt meine Tochter aus der Schule nach Hause und ihr Magen knurrt bestimmt. Also wird es Zeit, den Computer runterzufahren und mich um das Mittagessen zu kümmern.

Abends, 21 Uhr

Ich habe mich dann doch gegen dieses Outfit entschieden, weil eine Mutter aus Hannahs Klasse beim Kinderbibeltag den gleichen Rock angezogen hatte. Möglicherweise hätte sie ihn auch

heute zum Buchstabenfest anziehen können, dann hätte ich mich überhaupt nicht wohlgefühlt. Ich hasse es, gewollt oder ungewollt im Partnerlook zu gehen. Also habe ich mein rotes Cordkleid angezogen, meine schwarzen Stiefel und einen dünnen weißen Rollkragenpulli dazu. Mein schwarzer Kurzmantel hat genau die Länge des Kleides und passt optimal dazu. In dieser Kleidung habe ich mich wohlgefühlt. Außerdem hatte ich das Gefühl, dass neben den weiblichen auch die männlichen Anwesenden mich registriert haben, wie schon das Sprichwort sagt: »Kleider machen Leute.« Endlich bin ich einmal nicht wie ein Mauerblümchen übersehen worden.
Das Buchstabenfest war eine nette Gelegenheit, noch mal einen netten Plausch mit anderen Müttern zu halten und sich über die »wichtigen« Dinge im Leben auszutauschen. So gab es auch nach den Vorführungen der Kinder und der Bastelaktion in den Klassen Kaffee, Tee und selbst gebackenen Kuchen. Hannah hatte unsere Muffins extra mit Schokoladenbuchstaben verziert, passend zum Thema des Festes.

Abends war ich noch zum Taizé-Gebet in der Kirche. Drei Jugendliche aus unserem Dorf begleiteten zwei Sängerinnen auf ihren Gitarren und einer Querflöte. Zwischendurch wurden Texte zur Besinnung vorgetragen. Um eine meditative Atmosphäre zu schaffen, waren die Lichter der Kirche verdunkelt und in einer aufgebauten Steinmauer viele Kerzen angezündet. Ich habe diese Atmosphäre sehr genossen und zu einer inneren Ruhe gefunden. Die Gesänge haben mich an meine Jugendzeit erinnert. Damals bin ich mit einer Freundin zu verschiedenen europäischen Jugendtreffen gefahren, nach Köln, Barcelona und Rom. Besonders habe ich damals die meditativen Gesänge in den mit Jugendlichen überfüllten Kirchen genossen. Meist saßen wir dann zusammengekauert vor Kälte auf dem gefliesten Boden einer Kathedrale und lehnten uns Rücken an Rücken aneinander. Es hatte damals eine besondere Bedeutung für mich und hat mich bis heute ein Stück geprägt. Im Unterricht arbeite ich viel mit Stilleübungen, Fantasiereisen und meditativen Vorübungen. Auch zu Hause höre ich gerne Meditationsmusik, während ich entweder an einem Bild weitermale oder mich einfach nur auf die Couch lege und träume. In der Kirche habe ich eine Bekannte getroffen. Sie hat sich nach meinem Wohlbefinden erkundigt. Ich konnte ihr viel Positives berichten. Zwischendurch gibt es zwar immer wieder Tage, an denen ich müde und ausgepowert bin. Anschließend habe ich sie nach ihrem Mann gefragt, der schon über eine sehr lange Zeit an einer starken Depression leidet. Vor etwa acht Jahren wurde er arbeitsunfähig und ist seitdem zu Hause. Bis jetzt hatte ich noch nicht den Mut gefunden, sie nach dem Krankheitsverlauf ihres Mannes zu fragen, weil ich Angst hatte, dass es meine Depression verschlimmern könnte. Doch mittlerweile fühle ich mich stark genug, mich mit diesem Thema auseinander zu setzen. Sie erzählte mir, dass bei ihrem Mann keine Medikamente wirken würden und dass sich sein Krankheitsbild in den letzten Monaten verschlechtert hätte. Entweder liege er tagelang im abgedunkelten Zimmer in seinem Bett und wäre völlig kraft- und mutlos oder es gäbe Tage, an denen er sich besser fühle und kleine Arbeiten erledigen könne. Doch seine Depression sei immer da, lediglich besser oder schlechter für ihn zu ertragen. Das Schicksal dieses fünfzigjährigen Mannes setzt mir sehr zu. Wenn ich bedenke, dass es auch mir so ergehen könnte, bin ich froh, auf dem Weg der Besserung zu sein.

Samstag, 29. November 2008

Heute war unser Dekorations- und Backtag. Sofort nach dem Frühstück wollten die Kinder unbedingt Plätzchen backen. Also standen wir zu dritt, Hannah und Robin auf einem Stuhl neben mir, vor der Arbeitsplatte in der Küche. Jeder der beiden wollte natürlich den Mixer festhalten, die Zutaten in die Schüssel geben, und das möglichst zur gleichen Zeit. Da kann man sich vorstellen, was für eine Zankerei entstand. Wie zwei keifende Monster führten sich meine Sprösslinge auf. Als es dann ans Plätzchenausstechen ging, hatte Robin schon schnell keine Lust mehr, sondern naschte stattdessen vom Teig. Hannah hingegen zeigte Ausdauer und belegte nacheinander alle Bleche mit lustigen Schneemännern, Sternen, Nikolausstiefeln und Glocken. Jedoch der Abwasch und das Aufräumen blieben mir überlassen. Aber dafür hatten wir zwei Dosen mit leckeren Plätzchen gefüllt.

Danach ging es ans Dekorieren. Die Kisten mit den weihnachtlichen Dekorationen wurden vom Speicher ins Wohnzimmer getragen. Dort stürzten sich die Kinder auf ihre gesammelten Bastelarbeiten und verteilten den Inhalt der Tüten und Kisten auf dem Wohnzimmerboden. Als ihr erster Enthusiasmus abgeklungen war, wagte ich mich auch ins Wohnzimmer und verteilte die restlichen Fundstücke im Wohnzimmer und in der Küche. Im Garten hängten wir dann die Lichterketten um die Sträucher und auf den Weihnachtsbaum und stellten das Rentier mit seinem Schlitten und einen Schneemann auf. Wie jedes Jahr ist unser Haus von der Adventszeit bis etwa Mitte Januar morgens und abends hell erleuchtet. So habe ich das Gefühl, dass die lange Dunkelheit mich weniger bedrückt. Zudem hat es einen festlichen Charakter. Unsere Nachbarn meinten zwar schon, dass sie sich das Licht im Wohnzimmer sparen könnten, aber gemeckert hat noch niemand. Uns gefällt es jedenfalls.

Sonntag, 30. November 2008

Heute Vormittag haben wir noch weitere Plätzchen gebacken. Einige Plätzchen vom Vortag wurden noch mit Schokoladen- und Haselnussglasur verziert und dann ging es ans Backen des Spritzgebäcks. Günter baute den Fleischwolf auf und befestigte den Aufsatz zum Plätzchenbacken. Die Kinder durften abwechselnd den Fleischwolf drehen, den sie nur mit Einsatz ihrer ganzen Kräfte in Bewegung setzen konnten. Dafür ernteten sie lange Schlangen von Plätzchenteig, die sie mit dem Messer zerkleinerten und auf einem Backblech verteilten. Nach kurzer Zeit im vorgeheizten Backofen kam uns ein leckerer Plätzchenduft entgegen, der uns das Wasser im Mund zusammenlaufen ließ. Die Kinder ließen auch nicht lange auf sich warten und probierten sie. Nach zwei Stunden waren unsere Vorratsdosen alle aufgefüllt. Für die Endreinigung der Küche war ich dann zuständig.

Nach dem Mittagessen gingen Günter und die Kinder auf den Hof, um den Neuschnee wegzuschaufeln. Ich nutzte die friedliche Ruhe im Haus und legte mich zur Mittagsruhe in mein Bett. Als ich später aufwachte, konnte ich drei riesige Schneemänner und ein großes Iglu bewundern. Die Kinder hatten von der Kälte und der Anstrengung rote Bäckchen und waren mit ihren Werken sehr zufrieden. Ohne die kräftige Unterstützung von Günter wären die Werke wohl etwas kleiner ausgefallen.

Da ich gut ausgeruht war, habe ich noch eine kleine Schneewanderung gemacht. Während der Wanderung habe ich die friedliche

Stille um mich herum genossen. Nur von Ferne habe ich Wanderer gesehen und einige Kinder gehört, die zum Rodeln auf dem Schlittenberg waren. Das Knirschen des Schnees unter meinen Schuhen hatte schon fast eine meditative Wirkung auf mich. Ich genieße es immer mehr, wenn ich alleine in der schönen Natur unterwegs bin. Niemand stört mich in meiner Gedankenwelt. Mittlerweile kann ich mir kaum noch vorstellen, mit jemand anderem zu walken oder zu wandern. Es würde mich sogar stören.

Montag, 1. Dezember 2008

Heute Nachmittag hatte ich ein Telefongespräch mit einer Kollegin, die mir von einem Gespräch zwischen meinem Chef und dem Kollegium berichtete. Sie erzählte mir, dass noch niemand im Kollegium von meinem beruflichen Wiedereinstieg zum 1. Februar nächsten Jahres wusste. Als die Kollegin dann berichtete, dass ich geplant hätte, im Februar nächsten Jahres wiederzukommen, äußerten sich einige recht negativ über die berufliche Stabilität psychisch Erkrankter. Auch habe man ja bereits an meinem Fall gesehen, wie unsicher doch solche Kandidaten seien. Wenn ich wiederkäme und kurz darauf wieder erkranken würde, gäbe es für mich keinen Ersatz für die Schule, zumindest nicht bis nach den Osterferien.

Diese negativen Äußerungen über meine Erkrankung haben mich zuerst ziemlich wütend gemacht. Das Unverständnis und das fehlende Wissen sowie die Stigmatisierung von Krankheitsfällen hat mir wieder gezeigt, wie wenig Wissen und Verständnis gegenüber psychischen Erkrankungen in unserer Gesellschaft vorliegen. Jedoch haben diese Äußerungen mein Selbstbewusstsein nicht geschwächt. Dadurch, dass ich mich während meiner Erkrankung besser kennen gelernt habe, habe ich im Laufe der Zeit an Stärke und Selbstvertrauen gewonnen. Ich hoffe, dass meine neu gewonnene Stärke und Kraft ausreicht, gleichzeitig meinen Alltag und meinen Beruf zu bewältigen. Ich glaube fest daran, dass ich zum 1. Februar in meinem Gesundungsprozess so weit sein werde, um wieder in meinen Beruf einzusteigen.

Heute habe ich viele Stunden damit verbracht, meine Tagebuchaufzeichnungen in den Computer zu übertragen. Es macht mir viel Spaß und zudem finde ich es interessant, die Entwicklung meiner Krankheitsgeschichte zu verfolgen. Ich habe eine sehr anstrengende, aber auch interessante Zeit hinter mir. Und all die Hoffnungen und positiven Gefühle auf diesem Weg haben mir gezeigt, wie lebendig mein Inneres wieder werden kann und wie lebenswert unser Leben hier auf der Erde sein kann. Diese Hoffnung möchte ich all den Menschen weiterschenken, die einen ähnlichen Weg gehen müssen. Sie dürfen nicht den Mut aufgeben, sondern müssen ihre verbleibenden Kräfte in ihre Gesundung investieren.

Mittwoch, 3. Dezember 2008

Wir haben zwanzig Zentimeter Neuschnee zu verzeichnen. Als ich heute Morgen aufwachte, konnte ich meinen Augen kaum trauen. Gestern erst hatte ich die Schneeanzüge von der Garderobe in die Kinderschränke zurückgeräumt, weil ich fest davon überzeugt war, dass der Winter eine Pause machen würde. Doch heute wurde ich eines Besseren belehrt: Schneechaos in der Eifel und in anderen Teilen Deutschlands. Es ist sehr schön für die Kinder, aber weniger angenehm für die Autofahrer. Die meisten Nebenstraßen wurden aufgrund des ständigen Neuschnees noch nicht geräumt. Ich habe mich trotzdem auf den Weg ins Fitness-Studio gemacht, nachdem ich Robin in den Kindergarten gebracht hatte. Das Fahren im Schnee hat mir nichts ausgemacht, auch wenn ich zwischendurch immer wieder ins Rutschen kam. Jedoch haben mir die fünf Kilometer auch gereicht. Zuerst war ich im Fitness-Studio und anschließend hatte ich noch Psychotherapie. Wenn ich jetzt die besprochenen Themen der Therapie benennen sollte, würde es mir unendlich schwer fallen. Sie schlummern zurzeit irgendwo in meinem Kopf und werden sich in den nächsten Tagen melden. So geht es mir meistens nach den Therapiestunden. Erst nach einigen Tagen bin ich dann wieder in der Lage, den Inhalt wiederzugeben.

Heute Nachmittag waren die Kinder zusammen auf dem Kindergeburtstag von ihrem Cousin. Ich habe diese Zeit genutzt und es mir mit einem Buch in der Hand auf der Couch gemütlich gemacht. Zwei Stunden bin ich in eine andere Welt abgetaucht und konnte so richtig entspannen. Die Stille im Wohnzimmer hat mich an die Zeit vor der Geburt meiner Kinder erinnert. Ich genieße diese Stille und es ist sehr erholsam für mich. Doch genauso sehr freue ich mich, wenn Hannah und Robin vom Kindergeburtstag zurückkommen und unser Haus wieder mit Leben füllen.

Freitag, 5. Dezember 2008

Heute Morgen war ich wieder im Fitness-Studio. Zuerst hat die Physiotherapeutin mich auf dem Spacecurl trainiert, dann durfte ich alleine meine Übungen machen. Im Fitness-Studio war es ziemlich ruhig, sodass ich entspannt meine Übungen machen und auch meinen Gedanken nachhängen konnte. Anschließend ging es auf die Sonnenbank im Schwimmbad nebenan. Mittlerweile bin ich schon zum dritten Mal auf der Sonnenbank gewesen. Es ist mir wichtig, dass ich im Winter nicht so blass aussehe. In den letzten Jahren bin ich vermehrt auf meine blasse Gesichtsfarbe angesprochen worden. Da ich im Sommer ein Sonnenanbeter bin, will ich jetzt auch im Winter meine Bräune ein wenig behalten. Das heißt nicht, dass ich mehrmals wöchentlich auf die Sonnenbank gehen werde. Doch hin und wieder suche ich sie auf. Die Hitze empfinde ich als sehr angenehm und entspannend. Heute habe ich acht Minuten darunter gelegen und von Sommer, Sand und Sonne geträumt. Anschließend hat mich nichts mehr in der Stadt gehalten. Ich wollte mich wieder an den Computer setzen und an meinen Aufzeichnungen weiterarbeiten. Ich glaube, ich bin schon fast süchtig nach dem Schreiben.

Samstag, 6. Dezember 2008, Nikolaustag

Gestern Abend kam der Nikolaus zu uns ins Haus. Sein Gefolge, einschließlich Knecht Ruprecht, wartete draußen vor der Tür. Knecht Ruprecht wird bei uns der »Pelzebock« genannt und ist ein in Schwarz, mit Hörnern auf dem Kopf und einer abscheulichen Maske vor dem Gesicht verkleidetes Monster. Sein Gebrüll geht mir noch heute durch Mark und Bein. In meiner Kindheit gab es den »Pelzebock« schon und wenn er zu uns ins Haus kam, hat er zuerst mit seiner schweren Kette unter den Tisch geschlagen. Meine Geschwister und ich saßen dann mit angezogenen Beinen auf der Couch und haben vor Angst gezittert. Ich wundere mich, dass es heute immer noch so eine Gestalt gibt und manche Eltern seine Hilfe für ihre Erziehungsarbeit in Anspruch nehmen. Diese mittelalterlichen Methoden können sich auf die Kinder doch nur schädlich auswirken. Uns Kindern wurde früher erzählt, dass der »Pelzebock« uns in seinen Sack stecken und mitnehmen würde, wenn wir nicht lieb wären. Dass ich heute noch mit Angst reagiere, wenn ich ihn sehe, zeigt, wie stark mich diese Erziehungsmaßnahmen getroffen haben. Damit unsere Kinder nicht durch die Einflößung von Angst groß werden, haben wir ihn nie zu uns ins Haus gelassen und sie haben ihn auch nicht zu Gesicht bekommen. Wir haben Weihnachtsmusik im Wohnzimmer laufen lassen, damit sie ihn auch nicht hören konnten.

Über den Nikolaus haben die Kinder sich sehr gefreut. Hannah hat ihm ein Lied auf der Blockflöte vorgespielt und dann gemeinsam mit Robin ein kleines Gedicht aufgesagt. Zum Schluss hat sie ihm ein Nikolaus-Mandala geschenkt. Dafür hat auch der Nikolaus sie reichlich beschenkt. Robin hat eine Drachenburg und Hannah eine Tierklinik von Playmobil geschenkt bekommen. Als der Nikolaus unser Haus verlassen hatte, wurde das Geschenkpapier aufgerissen und gemeinsam haben wir die Spielsachen aufgebaut. Günter hat Robin beim Aufbau seiner Drachenburg und ich habe Hannah beim Aufbau ihrer Tierklinik geholfen. Es hat uns allen viel Spaß bereitet. Besonders die Kinder waren in ihrem Tatendrang nicht zu bremsen.

Den größten Teil des Samstags haben wir mit Aufräumarbeiten und Putzen verbracht. Mich hat heute so eine richtige Aufräum- und Wegwerfwut gepackt, sodass ich mich zuerst ins Büro, dann an Robins Schreibtisch und schließlich in Hannahs Zimmer begeben habe. Anschließend waren die Mülleimer mit Altpapier und Restmüll gefüllt. Zum Glück war Hannah heute Vormittag bei einer Freundin spielen. So hatte ich freie Hand und konnte nach meiner Vorstellung aussortieren. Ab und zu ist das nötig, damit das Sammelsurium nicht zum Fenster hinauswächst. Hannah muss alles aufbewahren, was sie jemals bekommen hat. Auch ihre Bastelarbeiten liegen überall verstreut in ihrem Zimmer herum. Besonders Süßigkeiten, in Tütchen verpackt, muss sie scheinbar für kommende Notzeiten horten.

Heute Abend haben sich unsere Kinder von ihrer guten Seite gezeigt. Hannah hat, ohne zu mucken, den Tisch gedeckt und Robin hat ihn nach dem Abendbrot wieder abgedeckt. So allmählich wirken vielleicht doch meine neuen Erziehungsmaßnahmen: Wenn wir uns die Arbeit teilen, hat jeder Einzelne nicht so viel zu tun. Indem ich den Kindern meine Ansichten erkläre und ihnen versuche verständlich zu machen, warum ich in gewissen Situationen so reagiere, hoffe ich auf ihre Einsicht. Von autoritären Bestimmungen halte ich wenig; es kommt immer auf die Situation an, in der man sich befindet. Auch bin ich nicht der Typ, der ständig mit seinen Kindern diskutiert. Ich versuche einen Mittelweg zu gehen.

Sonntag, 7. Dezember 2008

Seit Langem haben wir noch mal so richtig lange ausgeschlafen. Um 8.15 Uhr ist Robin aufgewacht und hat uns alle geweckt. Nachdem wir gemütlich mit leckeren Croissants und frischen Brötchen gefrühstückt hatten, bin ich fast anderthalb Stunden spazieren gegangen. Es war zwar leicht neblig und die Wege waren zum Teil noch von Schnee bedeckt und sehr feucht, aber es hat mir trotzdem gut gefallen auf einsamen Waldwegen entlangzugehen. Während der gesamten Wanderung ist mir niemand begegnet und als ich später durch unser Dorf zurückging, war noch niemand unterwegs. Erholung pur! Am Anfang hatte ich das Bedürfnis, schnellen Schrittes voranzuschreiten, doch nach einer halben Stunde, als ich mich ein bisschen ausgepowert hatte, konnte ich mich meinen Gedanken hingeben, ohne weiter über die Wegstrecke oder die körperliche Anstrengung nachzudenken. Themen, die in den letzten Tagen in meiner Familie angesprochen wurden, gingen mir wieder durch den Kopf.

Mittags sind wir aufgrund der dienstlichen Beförderung von Günter in eine Pizzeria essen gegangen. Somit brauchte ich mich nicht hinter den Herd zu stellen und zum Mittagessen etwas zuzubereiten. Als Hausfrau genießt man diese kleinen Abwechslungen vom Alltag bestimmt mehr, als wenn man sich täglich an einen gedeckten Tisch setzen kann. Da heute der zweite Adventssonntag ist und man überall Weihnachtsmärkte besuchen kann, sind wir nach Kelberg zum Weihnachtsmarkt gefahren. Vom Nikolaus gab es für jedes Kind einen Weckmann. Ansonsten hat mich die Menschenmenge eher bedrückt und einen leichten Schwindel bei mir ausgelöst. Als ich jedoch durch den Kauf von Weihnachtsartikeln abgelenkt war, ging es mir wieder besser. Später sind wir zum Nachmittagskaffee zu meinen Schwiegereltern anlässlich des 76. Geburtstages meiner Schwiegermutter gefahren. Selbst gebackene Kuchen, Brötchen und gute Stimmung warteten auf uns. Die Kinder durften mit ihrem Opa die Kaninchen füttern und später haben wir noch verschiedene Brett- und Kartenspiele gespielt. Da die Kinder nun fünf und sieben Jahre alt sind, ist es für uns mittlerweile entspannter, wenn wir Bekannte oder Freunde besuchen. Es war ein ausgefüllter und netter Familiensonntag.

Montag, 8. Dezember 2008

Heute Vormittag bin ich mit meiner Digitalkamera auf die Jagd nach schönen Bildern gegangen. Die Sonne schien und der Raureif zeigte sich besonders schön auf Grashalmen und auf kahlen Zweigen von Sträuchern und Bäumen. Zudem bedeckt der Schnee noch große Teile von Wiesen und Hecken. Einfach fantastisch, in welchem Farbenspiel sich die Natur zeigt. Ich hoffe, dass ich ein Stück dieser Schönheit auf meinen Bildern einfangen konnte. Den restlichen Vormittag habe ich mich an den Computer gesetzt und die Arbeit an meinem Buch fortgesetzt. Es macht mir wahnsinnig viel Spaß, sodass ich die Hausarbeit und auch die Malarbeit einfach liegen lassen kann.

Dienstag, 9. Dezember 2008

Vormittags beim Einkauf traf ich eine liebe Bekannte, die sich häufig mit mir unterhielt, als es mir so schlecht ging. Ihr Mann hatte letzte Woche zwei Herzinfarkte, wobei er fast gestorben wäre. Nach jedem Herzinfarkt wurde er für ein paar Tage in eine Herzklinik gebracht und operiert. Jetzt geht es ihm wieder besser. Jedoch die Angst, die sich bei meiner Bekannten und ihrem Mann eingeschlichen hat, wird noch lange anhalten. Sogar der Sohn steht unter Schock und hat Angst, dass er auch einen Herzinfarkt bekommen könnte.

Wenn ich von den Auswirkungen dieser Krankheitsgeschichte höre, muss ich an unsere Kinder denken. Immer wieder, mal in längeren, mal in kürzeren Abständen, erzählen sie von meiner Erkrankung, von dem langen Klinikaufenthalt und fragen mich, ob ich noch einmal dorthin müsste. Mit ihren fünf und sieben Jahren haben sie doch einiges von meiner Erkrankung mitbekommen und sich gedanklich damit auseinandergesetzt. Für sie muss es ein großer Schock gewesen sein, als ich mich ihnen mehrere Wochen völlig verzweifelt, weinend und verschlossen gezeigt habe. Dann kam der sechseinhalb Wochen andauernde Klinikaufenthalt, währenddessen die Kinder mich viermal besuchen kamen. Wenn man bedenkt, dass ich bis dahin täglich um sie herum und somit die stärkste Bezugsperson für sie war, muss es schon einiges in ihrer Gefühlswelt ausgelöst haben. Die Betreuung durch eine Familienpflegerin und meinen Mann war zwar durchgängig gegeben, trotzdem hat ihnen bestimmt die Mutter gefehlt. Wenn ich müde auf der Couch sitze, fragt mich meine Tochter, ob ich wieder Schwindel hätte. Auch ihre Bemerkung, »wenn jemand in die Klinik gehen muss, dann geht aber der Papa«, weist darauf hin, dass sie Angst vor einem möglichen Rückfall meiner Erkrankung hat. Vor Kurzem meinte Robin, dass er letzten Sommer keine Mama gehabt hätte, als ich in der Klinik war.

Mittwoch, 10. Dezember 2008

Gestern Abend waren Günter und ich zu Christmas Moments ins Dauner Forum. Die Karten für dieses Konzert hat Günter mir zu meinem 40. Geburtstag geschenkt. Zuerst hatte ich keine richtige Lust, dorthin zu gehen. Gedanklich war ich noch in meine Tagebuchaufzeichnungen so vertieft, dass ich lieber den Tag hätte ruhig ausklingen lassen. Doch das Konzert von Thomas Schwab war ein richtiger Erfolg. Es war für mich ein wirklicher Genuss, so hochwertige Musik zu hören. Die sieben Sänger waren klasse, ganz zu schweigen von den Musikern, die ihr Bestes gaben. Der Komponist Thomas Schwab stand jedoch über allem. Sein musikalisches und komponistisches Talent waren während der gesamten Aufführung zu spüren. Seine absolute Leidenschaft für die Musik verkörpert er in seiner gesamten Person. Ich fand seine Ausstrahlung überwältigend.
Das einzige Handicap während der Veranstaltung waren unsere Nachbarn zur Linken. Kurz vor Konzertbeginn ließen sie sich auf ihren Plätze nieder. Ein beträchtlicher Körperumfang machte sich auf dem Stuhl neben mir breit. Als er seine Arme noch verschränkte, kam er mit meinen Armen in Berührung. Sofort verlagerte ich meinen Körper in Richtung Günter, um ihn nicht berühren zu müssen. Als dann auch noch ein Schwall von abgestandenem Körpergeruch zu mir herüberzog, war ich kurz davor, mir einen anderen Platz zu suchen. Leider war das Konzert bis auf die letzten Plätze belegt, sodass es keine Ausweichmöglichkeiten für uns gab. Von Zeit zu Zeit zog also der besagte Duft zu mir herüber, dazu kamen noch undefinierbare Husten- und Kaugeräusche. Ich musste meine gesamte Kraft aufbringen, um mich auf das wunderbare Konzert zu konzentrieren und mich nicht von diesen

Unannehmlichkeiten ablenken zu lassen. Nach der Pause tauschten Günter und ich die Plätze. Da Günter sich vorher über mich lustig gemacht hatte und wohl auch nicht so recht nachvollziehen konnte, was ich da zu ertragen hatte, sah ich es als eine ausgleichende Gerechtigkeit. Zudem war es ja mein Geburtstaggeschenk gewesen. Doch Günter erging es dann nicht besser als mir.

Donnerstag, 11. Dezember 2008

Heute Morgen bin ich innerlich ziemlich aufgewühlt. Nachdem ich mich gestern im Internet über die Möglichkeiten einer Buchveröffentlichung informiert habe, war ich ziemlich deprimiert. Scheinbar hat ein blutiger Anfänger wie ich kaum eine Chance, sein erstes Buch zu veröffentlichen und zu vermarkten. Im Internetforum wird von einem Ordner voller Absagen gesprochen, mit denen man zu rechnen hätte. Dabei war ich so euphorisch und neugierig, was in der nächsten Zeit mit meinem Werk passieren würde. Voller Enthusiasmus habe ich in den letzten Monaten an meinem Erstwerk gearbeitet. Dabei habe ich mich ausgeglichen und motiviert gefühlt. Es war eine große Herausforderung und ein kognitiver Ausgleich zu dem ansonsten eher ruhigeren Alltag für mich. Doch nun weiß ich nicht so recht, ob es überhaupt noch einen Sinn hat, meine Eintragungen fortzusetzen. Den therapeutischen Zweck des ganzes Unterfangens darf ich dabei natürlich nicht aus den Augen verlieren. Doch habe ich wohl einen Traum gelebt, der mich in die Bestsellerlisten und somit ganz nach oben bringen könnte. Neben meinem jetzigen Beruf als Grundschullehrerin habe ich mich schon als Schriftstellerin gesehen. Nun hat die Realität mich wieder zurück und ich bin auf dem Boden der Tatsachen gelandet. Ich habe mir eingebildet, dass mein Buch etwas ganz Besonderes ist. Für mich ist es nach wie vor von herausragendem Wert, weil es mein Innerstes widerspiegelt und meine ganze Persönlichkeit wiedergibt. Nun muss ich mich aber wieder motivieren, um mein Buch in nächster Zukunft zu beenden.

Abends, 20.00 Uhr

Ich habe mich entschieden. Ich werde eine Leseprobe an einen Münchener Buchverlag schicken, um abzuchecken, ob überhaupt Interesse an meinem Buch besteht. Wahrscheinlich werde ich eine Absage bekommen, die mich aus meinen Träumen reißen wird. Aber zumindest habe ich es dann versucht und zudem gibt es ja noch mehr Buchverlage, die ich anschreiben und denen ich ein Exposé schicken kann. Warum soll ich schon die Hoffnung aufgeben, bevor ich überhaupt richtig angefangen habe. Ich muss mir nur im Klaren darüber sein, dass es ein schwerer Weg werden wird, bis ich vielleicht irgendwann ein Buch veröffentlichen kann.

Samstag, 13. Dezember 2008

Gestern Nachmittag sind Günter und ich durch den Wald gewandert. Die Kinder sind zu meiner Schwester in die Nachbarschaft spielen gegangen, sodass wir schnellen Schrittes gehen konnten. Ich war überrascht, wie gut Günter sich mittlerweile wieder bewegen kann. Der Teilabriss an seiner Achillessehne hat ihm kaum noch Schmerzen verursacht. Hoffentlich geht es bei ihm jetzt auch aufwärts und die Schmerzen hören allmählich auf. Das wünsche ich ihm von ganzem Herzen, aber auch uns, seiner Familie, die indirekt auch seinen angeschlagenen Gesundheitszustand zu spüren bekommt. Da ich kaum noch Symptome von meiner Depression spüre, könnten wir vielleicht das neue Jahr positiver beginnen. Das Jahr 2008 war für unsere ganze Familie ein schwieriges Jahr. Durch meinen Schwindel und die sich anschließende Depression war ich nur wenig belastbar. Günters Knie- und Achillessehnenverletzungen haben seinen sportlichen Ehrgeiz stark gebremst, zeitweise sogar zum Stillstand gebracht. Die Kinder haben im täglichen Miteinander unsere Misere zu spüren bekommen. Noch heute fragen mich die Kinder von Zeit zu Zeit, ob ich wieder Schwindel hätte oder ob ich noch einmal die Klinik aufsuchen müsste. Sobald mir unwohl ist, läuten bei ihnen die Alarmglocken. Es wird wohl noch eine Zeit lang dauern, bis wir uns alle von den Krankheiten und ihren Auswirkungen erholt haben.

Sonntag, 14. Dezember 2008

Gestern Abend haben Hannah, meine Nichte und ich uns ein Theaterstück der Theater-AG der Mittelstufe des Thomas-Morus-Gymnasiums angesehen. Da mein Patenkind die Dornenprinzessin gespielt hat, waren wir alle schon sehr gespannt, was uns an diesem Abend erwarten würde. Die Vorführung war sehr schön und da wir in der ersten Reihe saßen, konnten wir die Bewegungen, die Mimik und die Gestik der einzelnen Schauspieler genau verfolgen. Sie haben mit einer Leichtigkeit und viel Engagement ihre Rollen gespielt. Es war eine nette Abwechslung zu einem ansonsten eher ruhigeren Abend.

Abends, 20.30 Uhr

Heute Nachmittag waren wir auf dem Weihnachtsmarkt in Gerolstein. Da immer noch die letzten Spuren vom Schnee auf den Straßen, Wiesen und Wäldern zu sehen sind und es weiterhin frostig kalt ist, kam so etwas wie weihnachtliche Stimmung auf. Von den Weihnachtsbuden konnten wir weihnachtliche Klänge hören und sogar ein verkleideter Weihnachtsmann und ein Engel waren unterwegs, um den Kindern Schokolade zu schenken. Wir hatten es uns mit einem Becher Glühwein in der Nähe eines Heizstrahlers gemütlich gemacht. Die Kinder bekamen eine Tasse heiße Schokolade und eine Waffel. Als es den Kindern langweilig wurde, in der Menschenmenge zu stehen und die anderen Leute zu beobachten, spielten sie mit kleinen Eisschollen Fußball und balancierten neben einem verschneiten Geländer. Sie hatten jedenfalls eine Menge Spaß. Günter traf noch einige Bekannte und unterhielt sich angeregt mit ihnen. Ich für meinen Teil kannte nur wenige Besucher des Weihnachtsmarktes, sodass ich mir die Zeit mit meinem Glühwein in der Hand vertrieb, indem ich die Menschen um mich herum beobachtete. Eine aufgetakelte Frau mittleren Alters konnte kaum noch auf ihren Füßen stehen, da diese scheinbar unterkühlt waren. Mit dünnen Sommerstiefeln und Stulpen unter einem knielangen Rock hätte ich mir auch alles Mögliche abgefroren. Aber wer schön sein will oder zumindest es von sich denkt, muss wohl leiden. Zu ihrem Pech waren die anwesenden Männer aus ihrem Bekanntenkreis wohl weniger um sie besorgt, sondern tranken ihren Glühwein literweise. Ich hingegen hatte mich gegen die Kälte gut gerüstet: Dicke Winterstiefel mit selbst gestrickten Socken, eine lange Unterhose und Jeans, ein Langarmshirt, einen Rollkragenpullover, eine dicke Fleecejacke, Schal und wollige Handschuhe haben mich zumindest für einige

Stunden warm gehalten. Meine weiblichen Rundungen waren vor lauter Stofflagen nicht mehr zu erkennen. Was soll's auch! Für die Männerwelt brauche ich jedenfalls nicht zu frieren! Schließlich frieren sie auch nicht mir zuliebe.

Dienstag, 16. Dezember 2008

Ich muss immer wieder feststellen, wie sehr ich mich nach dem Wochenende auf die Montage und Dienstage freue, die ich vormittags so gestalten kann, wie ich das möchte. Die folgenden Tage sind dann mit den Besuchen des Fitness-Studios und meiner Psychotherapiestunde ausgebucht. Ich genieße die Ruhe und Stille um mich herum und lasse auch die ganze Hausarbeit liegen, sobald die Kinder morgens aus dem Haus sind. In den letzten Wochen habe ich mich vermehrt an meine Aufzeichnungen gesetzt und sie weiter fortgeführt bzw. bereits Geschriebenes überarbeitet. Ich könnte mir sogar vorstellen, meine schriftstellerischen Tätigkeiten nach Abschluss meiner jetzigen Aufzeichnungen fortzusetzen. Einige Ideen kreisen mir schon im Kopf herum. Aber entscheidend sind die Reaktionen der Lektoren, denen ich meine Tagebuchaufzeichnungen zusende. Falls sie meine Arbeit für nicht druckwürdig halten, werde ich zwar meine Erlebnisse und Gedanken weiter aufschreiben, aber die Tagebucheintragungen nicht mehr überarbeiten. Die Arbeit an meinem Buch, die Überarbeitung und Reflexion vergangener Aufzeichnungen haben für mich einen hohen therapeutischen Wert. Ich glaube, dass die schriftliche Auseinandersetzung mit meinen Gefühlen während meiner gesamten Krankheitsphase meinen Krankheitsverlauf wesentlich beeinflusst und den Gesundungsprozess positiv gefördert hat.

Trotzdem träume ich einen Traum, den wohl alle Erstautoren träumen. Ich möchte eine erfolgreiche Autorin werden und träume davon, dass meine Aufzeichnungen auf großes Interesse stoßen und vielen depressiv Erkrankten eine Hilfe auf ihrem eigenen Weg sein könnten. Wahrscheinlich bleibt alles nur ein Traum, aber diesen Traum zu träumen hat sich schon gelohnt. Wenn ich an die letzten Wochen zurückdenke, kann ich nur sagen, dass es für mich auf jeden Fall eine große Bereicherung war. Ich habe viele glückliche und ausgefüllte Stunden erleben dürfen. Nach meiner langen Erkrankungsphase nehme ich wieder am Leben teil. Ich kann mein Leben als ein Geschenk Gottes ansehen, das mit schönen und interessanten Dingen auszufüllen jedoch meine Aufgabe ist.

Mittwoch, 17. Dezember 2008

Nachdem ich gestern nochmals im Internet unter dem Thema Buchverlage und Erstautoren gesurft und mir Themenseiten zur Vorgehensweise bei der Einsendung von Manuskripten angeschaut habe, war ich ziemlich ernüchtert. Anscheinend ist es sehr schwierig, einen Einstieg als Erstautor in die Schriftstellerwelt zu bekommen. Unter den Tausenden von Einsendungen werden nur wenige für würdig erklärt und zum Buchdruck bei den entsprechenden Buchverlagen zugelassen. Umgerechnet liegt die Erfolgsquote der eingesendeten Manuskripte unter einem Prozent und ist somit nicht besonders hoch. Da ich mich bis vor Kurzen nur um das Schreiben und Überarbeiten meiner Tagebucheintragungen gekümmert habe, bin ich fast aus allen Wolken gefallen, als ich mich mit dem Buchdruck und der Vermarktung des Buches auseinandergesetzt habe. Da ich in die Welt der Schriftsteller einstei-

gen will, kann ich mich nicht nur im Büro vor dem Computer verkrümeln, sondern muss aktiv werden und Außenkontakte knüpfen. Ich hoffe nur, dass ich nicht auf einem Ordner voller Absagen sitzen bleibe.
Heute Morgen habe ich mit meiner Psychotherapeutin über dieses Thema gesprochen. Sie meinte, dass der Erfolg zum einen von mir selbst abhänge und zum anderen von dem ausgewählten Buchverlag und meinen Beziehungen, die ich dort knüpfen kann. Es bedarf nun einiges an Anstrengung meinerseits. Die wenigsten Erstautoren werden sofort entdeckt und gelangen innerhalb von kurzer Zeit auf die Bestsellerlisten. Ich muss mir einfach die Realität vor Augen halten und meinen eingeschlagenen Weg kontinuierlich fortsetzen.

Donnerstag, 18. Dezember 2008

Noch sechs Tage bis Heiligabend. Die Kinder zählen schon die Tage, bis endlich das Christkind zu ihnen kommt. Jeden Tag wird eine neue Geschenkwunschliste erstellt in der Hoffnung, ein paar von ihren Wünschen unter dem Tannenbaum wiederzufinden. Da die Verwandtschaft an den folgenden Weihnachtstagen zu uns kommt bzw. wir zu den Großeltern fahren, gibt es dann noch mehr Geschenke. Damit die Kinder vor lauter Spielsachen den eigentlichen Sinn des Weihnachtsfestes nicht übersehen, gehen wir an Heiligabend in die Kinderchristmette ins Nachbardorf. Da ich im Familiengottesdienstkreis unserer Pfarrei tätig bin, habe ich bei der Vorbereitung dieses Gottesdienstes mitgewirkt. Anstelle der Lesung werden die älteren Kinder einen Ausschnitt aus der Herdmanns-Geschichte vorspielen, die die Besucher zum Nachdenken über das tägliche Miteinander in der Gemeinschaft anregen soll. Obwohl die Schriftstellerin ihr Buch schon vor 25 Jahren veröffentlicht hat, ist es heute noch mehr denn je ein Spiegel unserer Zeit. Diese sogenannten »Herdmanns-Kinder« finden wir vermehrt in jedem Dorf. Unsere Kinder kommen mit diesen Charakteren sowohl in ihrer Freizeit als auch während ihrer schulischen Laufbahn immer mehr in Berührung. Es sind Kinder, die ohne Erziehung und auf sich selbst gestellt aufwachsen. Dass sie zwischen den sogenannten wohlbehüteten Kindern auffallen, ist unumgänglich. Und trotz aller Vernachlässigung im Elternhaus spüren gerade diese Kinder den eigentlichen Sinn des Weihnachtsfestes und zeigen Liebe und Fürsorge gegenüber dem Jesuskind sowie eine massive Abwehrhaltung gegenüber König Herodes, der das Kind töten lassen will. Vielleicht spüren auch unsere Kinder an diesem Nachmittag den eigentlichen Sinn des Weihnachtsfestes und sind nicht ausschließlich auf ihre Geschenke fixiert.

Ich gehe mit gemischten Gefühlen in die bevorstehende Weihnachtszeit. Die Kinder haben Ferien und verbringen den größten Teil ihrer Freizeit zu Hause. Für mich bedeutet das weniger Zeit für mich alleine. Ich werde in den nächsten Wochen kaum noch Ruhephasen für mich finden. Da stelle ich mir die Frage, wie ich damit zurechtkommen werde. Da auch Günter zwischen den Feiertagen Urlaub beantragt hat, kann ich hoffentlich zwischendurch aus dem Haus flüchten und mich auf meine einsamen Wanderungen begeben. Nur so kann ich zu mir selbst finden, neue Kraft schöpfen und dem Alltag mit seinen Aufgaben und Sorgen kurzzeitig entrinnen. Trotz allem freue ich mich auch auf die gemeinsame Zeit mit der Familie. Wir können morgens gemütlich frühstücken und den Tag ohne Hektik angehen, da bis auf die

Feiertage keine Termine oder Verpflichtungen anstehen. Die Kinder genießen diese Zeit, da sie tun und lassen können, was sie wollen. Endlich hat Hannah genügend Zeit, um mit ihren Freundinnen zu spielen, und Robin wird die zusätzliche Zeit mit seinem Vater in vollen Zügen genießen. Vielleicht können Günter und ich ein paar schöne Wanderungen zusammen unternehmen oder abends in die Sauna oder ins Kino gehen.

Samstag, 20. Dezember 2008

»Ferien! Endlich Ferien!«, zumindest behaupten das unsere Kinder. Jetzt haben wir über zwei Wochen Zeit, einzeln oder gemeinsam etwas zu unternehmen. Hannah hat schon sofort Ausschau nach möglichen Spielkameraden gehalten. Robin braucht da nur ein wenig zu warten, bis es an unserer Haustür klingelt oder an der Terrassentür klopft und sein gleichaltriger Vetter zum Spielen vorbeikommt. Die zwei sind ein eingespieltes Team, d.h., Robin wartet zu Hause und sein Vetter kommt fast jeden Tag vorbei.
Heute Vormittag ist Hannah in der Nachbarschaft spielen und Robins Vetter ist zu uns gekommen. Ich sitze hier, schreibe und überlege gleichzeitig, was ich Sinnvolles an diesem verregneten, tristen Tag tun kann. Die Hausarbeiten sind so weit erledigt, sodass ich sogar Zeit hätte, etwas Schönes zu unternehmen. Aber der notwendige Antrieb fehlt mir noch und so vergammele ich wohl mehr Zeit, als sie sinnvoll zu nutzen.
Gerade war Feueralarm bei uns zu Hause im Wohnzimmer. Robin hat die Kerzen am Adventskranz angezündet, nachdem er mich um Erlaubnis gefragt hat. Fünf Minuten später kam er zu mir ins Büro gelaufen und schrie, dass es im Wohnzimmer brenne. In

Windeseile bin ich ins Wohnzimmer gelaufen, habe mir den brennenden Adventskranz geschnappt und ihn zur Terrassentür hinaus in den Schnee geworfen. Ich hoffe, dass es für die zwei Jungs eine Lehre war. Sie lieben es nämlich, mit dem Feuerzeug Kerzen anzuzünden. Sie wissen, dass sie nur Kerzen anzünden dürfen, wenn ein Erwachsener im Haus ist und sie vorher um Erlaubnis gefragt haben. Dass sie sich daran halten, hoffe ich zwar, bin mir aber nicht ganz sicher. Ich kann da nur immer wieder an ihre Vernunft appellieren und ihnen erklären, was Schlimmes passieren kann. Für heute Vormittag haben sie wohl erst einmal genug gezündelt.

Sonntag, 21. Dezember 2008

Mittlerweile habe ich schon achtzehn Therapiestunden bei meiner Psychotherapeutin genommen. Hätte ich die Anzahl der Therapiestunden benennen sollen, wäre das Ergebnis eine viel geringere Menge gewesen. Ich bin froh, dass ich meine Aufzeichnungen habe. So kann ich jederzeit zurückverfolgen, welchen Weg ich während meiner langen Krankheitsphase gegangen bin und wie sich mein Krankheitsverlauf entwickelt hat. Momentan kann ich mich nicht beschweren. Ich habe seit einiger Zeit keine depressiven Phasen mehr. Auch meine Müdigkeit und die schweren Augenlider spüre ich nicht mehr. Ich möchte nie mehr so tief sinken und muss mir bei all meinen Entscheidungen vor Augen halten, wie krank ich war und wie schlecht es mir gegangen ist. Da ich nach wie vor dazu neige, vieles auf mich zu laden und möglichst viel in kurzer Zeit zu erledigen, besteht immer noch die Gefahr, dass ich mich überfordere. Immer wieder muss ich meine Entscheidungen überdenken und auch »Nein-Sagen« lernen.

Montag, 22. Dezember 2008

Gestern habe ich den größten Teil des Tages im Bett verbracht. Vorletzte Nacht bin ich gegen drei Uhr morgens aufgewacht und konnte vor Übelkeit nicht mehr einschlafen. Zudem hatte ich auch Bauchschmerzen. Als mir dann bewusst wurde, dass ich kurz davor war, mich zu übergeben, habe ich mein Kopfkissen gepackt und bin ins Wohnzimmer ausgewandert. Mit einer Schüssel, einer Wärmflasche und Magen-Darm-Tee habe ich dann den Rest der Nacht bis zum Morgengrauen hier verbracht. Die Toilette musste ich einige Male aufsuchen und zwischendurch die Schüssel ausleeren. Als dann morgens die Kinder aufwachten, habe ich mich wieder in mein Bett verzogen, weil ich den Geräuschpegel nicht vertragen konnte. Im Laufe des Tages wurde es allmählich besser. Nachmittags bin ich sogar mit zum Weihnachtskonzert der Musikschule, die unsere Kinder besuchen, gefahren. Frisch geduscht, geschminkt und in meinem roten Cordkleid fühlte ich mich fast wieder wie ein Mensch. Das Konzert war ganz nett, jedoch aufgrund der zeitintensiven Umbauarbeiten auf der Bühne etwas langatmig. Wir sind dann auch schon kurz vor Ende des Konzertes nach Hause gefahren. Was für ein Glück, denn Robin ist zu Hause sofort zum Mülleimer gerannt und hat erbrochen. Zwar hat er in die Mülleimer gezielt, jedoch ist auch so einiges dabei auf den Boden gegangen. Da es mir noch immer von meinem Infekt schlecht war, weigerte ich mich, das Desaster zu beseitigen. Schließlich hat Günter sich erbarmt und hat fast alles gesäubert. Als ich abends barfuß vor dem Mülleimer stand, um etwas hineinzuwerfen, fühlten sich plötzlich meine Zehen ganz feucht an. Ihh, auch das noch! Günter wollte jedoch nichts damit zu tun haben. Als ich ihm dann meine übel riechenden Zehen unter die Nase hielt, fand er keine Ausrede mehr.

Dienstag, 23. Dezember 2008

Ich fühle mich schon den ganzen Tag matt und kraftlos. Jegliche Arbeit, die ich verrichte, fällt mir schwer. Ich weiß gar nicht, was mit mir los ist. Heute Vormittag haben Günter und ich das Haus zusammen geputzt. Anschließend bin ich alleine spazieren gegangen, weil ich es im Haus nicht mehr ausgehalten habe. Die Kinder hatten andere Kinder zum Spielen da und Günter ist in der Küche auf der Rolle Rennrad gefahren. So war es das Beste, dass ich die Flucht nach vorne ergriffen habe. Mein Bedürfnis nach Ruhe ist unendlich groß. Jetzt, wo die Kinder Ferien haben, finde ich kaum noch Zeit für mich alleine. Darum fand ich während meines Spaziergangs endlich ein wenig der ersehnten Ruhe. Ich bin auf einem Feldweg durch Wiesen und Felder gewandert. Der Weg mündete dann in einem Wald. Da keine anderen Wanderer unterwegs waren, konnte ich meinen Gedanken freien Lauf lassen. Am Anfang bin ich einfach nur drauflosgewandert, ohne viel nachzudenken. Doch später sind mir Erinnerungen von verschiedenen Ereignissen der letzten Tage durch den Kopf gegangen. Als ich nach über einer Stunde wieder zu Hause ankam, fühlte ich mich schon viel freier im Kopf. Doch so eine gewisse Anspannung und Traurigkeit wollte einfach nicht von mir weichen. Fast schon hatte ich das Gefühl, dass wieder eine Depression im Anmarsch ist. Eine depressive Verstimmung habe ich auf jeden Fall. Müdigkeit und schwere Augenlider weichen nicht von mir. Wenn ich an das bevorstehende Weihnachtsfest denke, überkommt mich eine solche Unlust, dass ich am liebsten alles absagen würde. Alleine die Vorstellung, dass ich mich hinter den Herd stellen muss und mittags elf Gäste zu Besuch kommen, bereitet mir Übelkeit. Doch muss ich mir eingestehen, dass wir die Arbeit für das gemeinsame

Essen auf alle verteilt haben. Meine zwei Schwestern backen die Kuchen, bereiten den Nachtisch zu und sind für das Kartoffelgratin zuständig. Es ist also überschaubar für mich, doch fehlt mir die rechte Lust. Vielleicht hängt es auch noch damit zusammen, dass ich vor drei Tagen an einer Magen-Darm-Grippe erkrankt und davon noch geschwächt bin.

Heute Nachmittag haben wir wieder für die Kinderchristmette in der Kirche geübt. In der Kirche traf ich eine liebe Bekannte, mit der ich immer wieder gerne spreche. Sie kam mit ihren zwei Kindern in die Kirche. Alle drei sahen sehr müde und träge aus. Na also, nicht nur ich fühlte mich erschlagen, sondern vielleicht liegt es ja nur an der Jahreszeit und dem tristen Wetter. Die längste Nacht haben wir zum Glück hinter uns, sodass es nun allmählich aufwärts geht. Ein Lichtblick in dieser doch so düsteren Zeit! In einigen Wochen werden die Tage wieder spürbar länger. Da ich nicht mit einer Novemberdepression zu kämpfen hatte, könnte ich bei mir eher einen Weihnachtsblues diagnostizieren.

Mittwoch, 24. Dezember 2008, Heiligabend

Heute Morgen fühle ich mich besser. Die Kinder sind schon in froher Erwartung aufgewacht und geistern vergnügt im Haus herum. Sie freuen sich schon riesig auf ihre Weihnachtsgeschenke. Für die Bescherung haben sie ihre selbst gebastelten Weihnachtsgeschenke bereits unter den Weihnachtsbaum gelegt. Diese kindliche Freude ist einfach überwältigend. Wenn ich an meine Kindheitserlebnisse zurückdenke, kommen mir ähnliche Erinnerungen. An den beiden Weihnachtstagen sind wir morgens in aller Frühe

aufgestanden und haben mit unseren Geschenken gespielt, während unsere Eltern bereits im Stall waren und die Tiere versorgt haben. Der Duft der Tannenzweige, die vollen Schüsseln mit leckeren, selbst gebackenen Plätzchen und die abgebrannten Kerzenreste sind noch schöne Erinnerungen an die vergangenen Weihnachtstage aus meiner Kindheit. Deswegen möchte ich mit meinen Kindern diese Festtage so schön wie möglich gestalten. Die Kindheit kommt nie mehr zurück, jedoch die Erinnerungen bleiben uns immer erhalten.
Die Fröhlichkeit der Kinder ist ansteckend, wenn sie lachend durch das Haus laufen und ihre strahlenden Augen leuchten.

Abends
Die Enttäuschung war bei Hannah groß, als sie nach der Kinderchristmette feststellen musste, dass das Christkind die Geschenke schon vorbeigebracht hatte. Als dann Robin ein großes Paket unter dem Baum herausholte und Hannah nur kleine Päckchen vorfand, kullerten ihr die Tränen die Wangen herunter. Doch das Christkind hatte anscheinend ein großes Paket im Keller vergessen. Schnell habe ich es ins Wohnzimmer gebracht, um ein Desaster zu umgehen. Uff, da habe ich noch mal gerade so die Kurve bekommen. Anschließend verlief der Heiligabend sehr friedlich. Die Kinder haben mit ihren Spielsachen gespielt. Hannah hat ihr Kerzen-Kreativstudio aufgebaut und sich mit dem Verzieren der Kerzen beschäftigt. Ich habe sie dabei tatkräftig unterstützt. Günter hat mit Robin zusammen den elektrischen Kran von Playmobil aufgebaut. Gemeinsam wurde dann experimentiert, wie viel Gewicht der Kran transportieren kann. Meine Eltern kamen gegen Abend zu Besuch und wir unterhielten uns noch einige Zeit. Es war ein angenehmer Tag.

Freitag, 26. Dezember 2008, Weihnachten

Da wir heute den zweiten Weihnachtstag haben, werden wir heute Nachmittag Günters Familie besuchen.
Gestern haben wir das Weihnachtsfest mit meiner Familie gefeiert. Meine zwei Schwestern mit Familie und unsere Eltern kamen zu Besuch. Mittags habe ich für alle gekocht, jedoch haben meine Geschwister den Nachtisch und das Kartoffelgratin mitgebracht. Die Kuchen haben sie auch gebacken. Trotzdem empfand ich es als eine große Belastung, für alle das Mittagessen zuzubereiten und mich um die Gäste zu kümmern. Insgesamt waren wir fünfzehn Personen, davon sieben Kinder im Alter zwischen zwei und zehn Jahren.
In den letzten Tagen habe ich mich matt und kraftlos gefühlt. Der nötige Antrieb hat mir völlig gefehlt. Aber irgendwie habe ich es dann doch geschafft, mit tatkräftiger Unterstützung von Günter. Wir haben uns die Arbeit, die während des Tages anfiel, geteilt, sodass es für mich überschaubar war. Nach dem Mittagessen hat sich dann meine innere Anspannung gelöst. Ich habe gespürt, wie sie von mir gefallen ist. Da ich nicht eine große Köchin bin, hatte ich immer schon Bedenken, wenn ich für eine größere Menge an Gästen ein Mehrgangmenü kochen sollte. Diesmal hat es sich schon Tage vorher in einer leichten Depression geäußert, die mich in meinem Denken und Handeln blockiert hat. Gut, dass ich die meisten Vorbereitungen schon einige Tage vor dem Fest getroffen habe.

Nun habe ich natürlich große Bedenken, wie es mir Anfang Februar ergeht, wenn ich wieder mit dem Arbeiten beginne. Falls sich dann ein ähnliches Phänomen einstellt, muss ich früh genug mit den Unterrichtsvorbereitungen beginnen und dann versuchen, meine aufkommende Angst vor den Belastungen zu überwinden. Ich werde mich dann zwingen müssen, die Arbeit wieder aufzunehmen. Nach einigen Tagen wird sich dann hoffentlich die Anspannung und die Angst vor dem Versagen lösen.

Samstag, 27. Dezember 2008

Die Festtage sind vorbei und der Alltag hat wieder Einzug gehalten. Es ist ein schönes Gefühl, wieder den alltäglichen Dingen im Leben einen Platz einzuräumen. Heute Vormittag war ich im Fitness-Studio und habe meine Übungen gemacht. Die letzten Tage hatte ich wieder verstärkt Rückenprobleme, sodass ein wenig Muskeltraining mir nicht schaden kann. Zweimal in der Woche zum Training habe ich mir zur Pflicht gemacht, um wenigstens kleine Erfolge zu erzielen. Nun bin ich schon fast ein Jahr Mitglied im Fitness-Studio. Seit Februar dieses Jahres gehe ich nun regelmäßig dorthin, anfangs dreimal in der Woche, mittlerweile nur noch zweimal. Das muss ausreichen, da ich nicht die ganzen freien Vormittage mit Sport verbringen will.

Heute Nachmittag war ich mit Robin spazieren. Da uns ein eisiger Ostwind ins Gesicht schnitt und Robin nur langsam gegangen ist, haben wir nur einen kurzen Rundweg gewählt. Unterwegs haben wir einige Winterimpressionen einfangen können, so zum Beispiel Eiszapfen an den Grashalmen der Bachufer, gefrorener Tau auf den im Schatten liegenden Grasflächen, zugefrorene Wasserpfützen und eiskalter Wind, der uns zum Frösteln brachte. Die zugefrorenen Wasserpfützen wurden mit Steinen attackiert, meistens jedoch nur mit geringem Erfolg. Da seit Tagen Dauerfrost herrscht, sind mittlerweile alle kleineren Wasserstellen zugefroren. Nach dem Spaziergang habe ich mich wieder auf die kuschelige Wärme des Kamins gefreut.

Sonntag, 28. Dezember 2008

Heute Nachmittag haben wir vier, Günter, Hannah, Robin und ich, einen schönen langen Spaziergang unternommen. Zwar wehte uns eiskalter Wind um die Ohren, aber die Sonne schien am wolkenlosen Himmel und der Boden war gefroren. Also optimale Bedingungen für eine größere Wanderung. Wir sind nach Neroth gewandert und haben dort im Mausefallencafé eine Rast eingelegt. Für die Kinder gab es ein Affeneis und Limo, Günter und ich haben Kuchen gegessen. Den Rückweg haben wir dann nur noch zu zweit angetreten, da die Kinder mittlerweile müde waren. Oma hat sie mit dem Auto in Neroth abgeholt und mit zu sich nach Hause genommen, bis wir vom Wandern zurück waren. Diese körperliche Anstrengung ist eine Wohltat gegenüber dem sonst eher bewegungsärmeren Alltag in den Wintermonaten. Wir sind eine Stunde und fünfzehn Minuten gewandert, das bergauf und bergab im mittleren Tempo. Die Kinder haben eine erstaunliche Kondition und Ausdauer gezeigt. Ich finde es einfach klasse, dass an den Sonntagnachmittagen nicht immer nur Kinderbelustigung stattfindet, sondern auch wir Erwachsene unsere Wünsche erfüllen können.

Dienstag, 30. Dezember 2008

Gestern waren wir in Koblenz einkaufen. Zuerst sind wir durch IKEA geschlendert und haben uns von der schwedischen Wohnwelt inspirieren lassen. Dann haben wir dort im Restaurant zu Mittag gegessen. Erstaunlich war, dass wir einige Bekannte dort getroffen haben, die wir nur sehr selten sehen. Unser Einkauf fiel eher kleiner aus, Mama-Muh-Bücher für die Kinder, Kerzen, ein Kellerregal und Spiegelbilder für meine Schwester haben wir gekauft. Anschließend sind wir noch in die Stadt zum Einkaufsbummel. Während der Parkplatzsuche sind wir von einem Polizisten in einem Zivilauto angehalten worden, der uns für das Überfahren einer durchgezogenen Linie zehn Euro abgeknöpft hat. Dazu kann ich nur sagen, dass dieses Verhalten des Polizisten sehr kleinlich war, da wir beim Überqueren von zwei Straßen durch das starke Verkehrsaufkommen erst im letzten Moment auf die Rechtsabbiegerspur fahren konnten, sodass die vorher unterbrochene Linie durch eine durchgezogene Linie abgelöst wurde. Dass man bei Auswärtigen nicht mal ein Auge zudrücken kann, kann ich nicht nachvollziehen. Aber der Polizist hatte ein starkes Geltungsbedürfnis und suchte wohl einen Berechtigungsnachweis für sein berufliches Dasein. Der anschließende Einkaufsbummel verlief ganz gut, wenn man von Robins Unlustreaktionen einmal absieht. Aber trotzdem war es eine nette Abwechslung zu dem sonst eher ruhigeren Alltag. Ein bisschen Stadtluft zu schnuppern erfüllt mich mit einer großen Zufriedenheit.

Mittwoch, 31. Dezember 2008, Silvester

Heute habe ich den ersten Schritt für meinen Wiedereinstieg in den Berufsalltag vollzogen. Von einer Freundin habe ich mir Unterrichtsmaterialien ausgeliehen, damit ich meinen Unterricht in den nächsten Wochen frühzeitig vorbereiten kann. Ich habe mir vorgenommen, früh genug alle Vorbereitungen zu treffen, um dann Anfang Februar gerüstet in meinen Beruf einzusteigen. Falls ich dann in eine Depression verfalle, werde ich versuchen mit all meinen Kräften dagegen anzutreten. Da ich dann auf meine Unterrichtsvorbereitungen zurückgreifen kann, wird dieser Prozess wohl weniger kräftezehrend werden. In der Theorie hört sich das alles plausibel an, wie es aber letztendlich in der Realität abläuft, kann ich nicht sagen. Ich habe schon Bedenken, dass meine Psyche mir einen Strich durch die Rechnung macht. Doch sind seit dem Schulbeginn nach den Sommerferien einige Monate vergangen, die ich zum Auftanken meiner Kräfte und zur sogenannten »Psychohygiene« genutzt habe. Ich hoffe, dass die Zeit ausgereicht hat, um mich wieder dem beruflichen Leben stellen zu können. Zudem gehe ich auch weiterhin zur Psychotherapie und besuche einmal in der Woche eine Yoga-Gruppe. Wenn mein Berufseinstieg nicht funktioniert, weiß ich noch nicht, welche psychischen Auswirkungen das auf mich haben wird. Ich muss mir dann sagen, dass ich noch mehr Zeit für mich brauche, aber eine riesige Enttäuschung wird sich breitmachen und ein Gefühl der Schwachheit wird dominieren. Das Vorurteil, dass psychisch Erkrankte nicht belastbar sind, wird mich erreichen und an meinem Selbstbild gewaltig kratzen. Ängste, aber auch Hoffnungen machen sich immer wieder in meinen Gedanken breit.

Donnerstag, 1. Januar 2009, Neujahr

Ein neues Jahr hat begonnen. Gute Vorsätze für das neue Jahr brauche ich mir nicht zu überlegen, da ich durch meine Erkrankung im letzten Jahr zum Nachdenken angeregt wurde. Viele Gedanken und Überlegungen haben mich in den letzten Monaten beschäftigt und auch so manche Änderung in meinem Leben habe ich vorgenommen. Aber besonders die kleinen Veränderungen in den eher unbewusst ablaufenden Gedankenvorgängen sind ausschlaggebend für meine psychische Stabilität. Während des Alltags überraschen mich manche meiner Gedanken, die mir in den Sinn kommen. Ich erlebe mich jetzt viel positiver und versuche in einer noch so schwierigen Situation etwas Positives zu entdecken. Zudem fallen mir besonders die negativen Gedankengänge der Menschen um mich herum auf. Manchmal muss ich dann meinen Kommentar dazu abgeben und sie auf ihr selbstzerstörerisches Verhalten hinweisen.

Durch die vielen psychotherapeutischen Gespräche bin ich in meinem Denken und Handeln sensibilisiert worden. Ich renne nicht mehr kopflos durch mein Leben, sondern versuche es bewusster zu planen und zu steuern. Nach wie vor fällt es mir schwer, meine trüben Gedanken von mir zu weisen. Meistens versuche ich freundlich zu meinen Mitmenschen zu sein, da ich auch von ihnen so behandelt werden möchte. Zudem trägt keiner von ihnen die Schuld an meiner Erkrankung oder an meinem Leben. Ich bin ganz alleine für mein Leben und seine Qualität verantwortlich. Ich empfinde auch keinen Neid gegenüber »Bessergestellten«, da ich weiß, dass Macht und Reichtum nicht zum wahren Glück führen. Ein gewisser Standard und ein mittlerer Komfort sind sehr angenehm, aber nicht entscheidend für ein glückerfülltes Leben. Durch den Kauf von materiellen Dingen verspüre ich keine lang anhaltende Zufriedenheit. Manche Dinge erleichtern zwar den Alltag, doch sollte man sich nicht zu sehr von der Werbung manipulieren lassen und bei jedem Kauf überlegen, ob er sinnvoll ist.

Samstag, 3. Januar 2009

Heute Morgen war ich beim Friseur. Als ich die Tür zum Salon öffnete, kam mir ein leckerer Duft von frisch gebackenem Lebkuchen entgegen. Da fiel es mir wie Schuppen von den Augen. Die Chefin hatte mir zuliebe einen Lebkuchen gebacken, den sie sonst immer nur in der Adventszeit backt und ihren Kunden anbietet. Da ich noch nie in dieser Zeit einen Friseurtermin hatte, kam ich bis jetzt noch nicht in den Genuss. Doch heute Morgen sollte sich das ändern. Ich war geschmeichelt, dass sie daran gedacht hatte und mir zuliebe sich die Arbeit gemacht und einen Lebkuchen gebacken hatte. Lecker hat der Kuchen geschmeckt! Dazu reichte sie mir noch eine Tasse Winterapfeltee, hmm! Jetzt noch eine Rückenmassage und dann wäre der Verwöhnvormittag perfekt gewesen. Ich finde es sehr angenehm, alle sieben Wochen zum Friseur zu gehen und mich verwöhnen zu lassen, auch ohne Lebkuchen. Den restlichen Kuchen hat sie mir für die Kinder und Günter zum Nachmittagskaffee mitgegeben. Damit ich mich wenigstens ein bisschen dankbar zeigen konnte, habe ich ihr reichlich Trinkgeld für die Kaffeekasse gegeben.
Als ich dann nach Hause kam, erlebte ich die zweite Überraschung. Günter hatte das ganze Haus geputzt. Das war eine nette Geste, vor allem, da ich nach meinem Friseurtermin überhaupt keine

Lust mehr zum Putzen hatte. So brauchte ich mich dann nur noch um das Mittagessen zu kümmern. Nachmittags sind wir auf einem großen, zugefrorenen Weiher Schlittschuhe gelaufen. Zwar trugen die Kinder keine Schlittschuhe, trotzdem hatten sie auf dem Eis riesigen Spaß. Als zwischendurch das Eis Geräusche von sich gab, war es ihnen nicht mehr ganz einerlei. Aber bei dem Dauerfrost, der zurzeit herrscht, braucht man keine Bedenken wegen einer möglichen Einsturzgefahr zu haben. Das Eis ist mindestens zwanzig Zentimeter dick zugefroren. Meine letzten Schlittschuherlebnisse sind über zehn Jahre alt. In der Zwischenzeit waren entweder die Gewässer nicht zugefroren, ich war schwanger oder die Kinder waren zu klein, um sie mit auf den Weiher zu nehmen. Zu Anfang war ich ganz schön wackelig auf den Beinen. Aber Günter erging es nicht viel besser. Als ich mich ein wenig an das Fahrgefühl gewöhnt hatte, fühlte ich mich etwas wohler auf den Schlittschuhen. Später hat Hannah dann meine Schlittschuhe angezogen. Obwohl sie mindestens sieben Nummern zu groß waren, hatte sie mächtigen Spaß damit. Robin lief lieber mit seinen Schuhen über das gefrorene Eis und versuchte am Rand ein Loch in das Eis zu schlagen. Anschließend sind wir noch eine kleine Runde spazieren gegangen. Es war ein schöner Tag mit angenehmen Aktivitäten.

Montag, 5. Januar 2008

Heute Morgen haben wir ein neues Regal für Robin gekauft. Dafür habe ich die Kinder ins Auto gepackt und wir sind nach Wittlich zum Möbelgeschäft gefahren. Da Robin von diesem Vorhaben schon seit längerer Zeit wusste, fragte er jeden Tag

nach, wann wir denn endlich das Regal kaufen würden. Nun liegt es in seinem Zimmer und wartet darauf, dass jemand es aufbaut. Wäre es nach unserem Sohn gegangen, wäre das Projekt noch an diesem Abend umgesetzt worden.
Nachmittags kamen zwei Freundinnen von mir mit ihren Kindern zu Besuch. Da wir uns nur sehr selten sehen, freute ich mich auf einen schönen Nachmittag mit ihnen. Die Kinder, zusammen waren es fünf, fanden nicht so recht zusammen. Zu Anfang war Robin beleidigt, weil alle mit Hannah spielen wollten. Später wollte Hannah ihre neuen Playmobilsachen nicht zum Spielen hergeben, was wiederum zu heftigen Auseinandersetzungen führte. Meine Kinder haben sich nicht gerade vorbildlich benommen, was mir zum einen peinlich und zum anderen ganz schön anstrengend für mich war. Als der Besuch nach Hause fuhr, habe ich alles aufgeräumt. Zwischenzeitlich kam Günter nach Hause und beschwerte sich wegen des fast ausgebrannten Kamins und des gekippten Badezimmerfensters bei laufender Heizung. Meine Reaktion fiel daraufhin nicht weniger aggressiv aus. Vor lauter Besuch und Schlichtung von Kinderzankereien hatte ich leider keinen Gedanken mehr an die Feuerung des Kamins oder an ein geöffnetes Badezimmerfenster verschwenden können. Ich bin nun mal auch keine Übermutti oder Überhausfrau.

Dienstag, 6. Januar 2009

Heute habe ich den ganzen Tag die Faschingsorden für den Kinderkarneval in unserem Dorf gebastelt. Diese ehrenamtlichen Tätigkeiten beanspruchen eine ganze Menge an Freizeit. Außerdem steht noch das Üben der einzelnen Kindergruppen an. Da ich selbst die Gruppe meiner Tochter leite, weiß ich, wie zeitaufwendig und anstrengend das Ganze ist. Aber den Kindern zuliebe ist es einfach notwendig, dass man sich als Eltern engagiert. Nur so kann auch eine lebendige Dorfgemeinschaft erhalten bleiben, in der die Kinder sich wohlfühlen können.

Mittwoch, 7. Januar 2009

Der Alltag hält allmählich wieder Einzug. Der Kindergarten hat für Robin wieder begonnen, Hannahs Schule beginnt morgen und Günter geht seit letzten Freitag wieder arbeiten. Nachdem ich Robin in den Kindergarten und Hannah zu den Kindern meiner Schwester gebracht hatte, habe ich mich auf den Weg ins Fitness-Studio gemacht. Dort traf ich einige Bekannte, mit denen ich mich während des Trainings unterhalten habe. So ging die Zeit schnell vorbei, ohne dass ich die Anstrengung der einzelnen Übungen sehr gemerkt habe.
Wenn ich nach draußen schaue, sehe ich eine verschneite Winterlandschaft, die wegen der Kälte ihren Atem anzuhalten scheint. Vergangene Nacht haben wir Rekordtemperaturen von minus siebzehn Grad Celsius erreicht. Mittlerweile ist es zwar etwas wärmer geworden, trotzdem habe ich das Gefühl, dass die Kälte durch jeden noch so kleinen Ritz in unser Haus eindringt. Wahrscheinlich ist das nur Einbildung, da ich weiß, wie klirrend kalt es vor der Tür ist. Der Kamin gibt eine heimelige Wärme von sich und auch die Heizungen laufen durchgehend.

Noch vierundzwanzig Tage dauert meine Krankmeldung offiziell. Dann muss ich wieder meinen Dienst antreten. Seelisch und moralisch bereite ich mich jeden Tag aufs Neue darauf vor, damit ich dann keine Bauchlandung erlebe. Wenn ich nach meinem Gefühl urteile, denke ich, dass der Wiedereinstieg in den Beruf normal verlaufen wird. Ich habe keine großen Bedenken, dass mich die Depression wieder außer Gefecht setzen wird. Jedoch kann ich es nicht ganz ausschließen. Ein Rest von Unsicherheit und Angst vor dem Versagen bleibt für mich bestehen. Aber ich versuche positiv zu denken und dem Leben mit all seinen Problemen ins Auge zu sehen. Ein bisschen freue ich mich auch wieder auf meine Arbeit, obwohl ich genau weiß, wie anstrengend sie werden wird. Dann gehöre ich auf jeden Fall wieder zum »normalen« Leben dazu und kann nicht mehr als psychisch Erkrankte, die ihr Leben nicht geregelt bekommt, abgestempelt werden.

Für mich ist nach diesem langen Krankheitsverlauf sehr deutlich geworden, dass ich mich nie mehr völlig auspowern will. Es kann nicht sein, dass man jeden Abend völlig fertig ins Bett fällt. Momente des Kraftschöpfens müssen immer wieder in den Alltag eingebaut werden. Darauf zu achten ist meine größte Aufgabe, die auf mich zukommen wird, wenn ich wieder arbeiten gehe. Ich werde diese Aufgabe schon meistern!

Samstag, 10. Januar 2009

In den letzten Tagen habe ich mein Büro aufgeräumt. Dies sah so aus, dass ich jedes Regal durchforstet und neu sortiert habe. Schulordner, die ich in diesem Schuljahr nicht mehr brauche, habe ich in das neue Regal im Keller eingeräumt und Sachen, die ich überhaupt nicht mehr brauche, in die Altpapiermülltonne geworfen.

Das Ergebnis lässt sich nach zwei Tagen Aufräumarbeiten sehen. Die Regale erscheinen in einem neuen Glanz, die Schulordner stehen nach Schulfächern sortiert im Regal und der Mülleimer quillt über. Aber ich bin mit dem Resultat sehr zufrieden. Bei der Suche nach bestimmten Unterlagen habe ich nun weniger Probleme, sie schneller zu finden. Auch hat mir das Durchstöbern alter Unterlagen geholfen, mich intensiver mit der Arbeit in der Schule auseinander zu setzen. Viele Erinnerungen alter Schulerlebnisse kamen mir wieder in den Sinn. Bei manchen Erinnerungen musste ich schmunzeln, andere haben mich nicht mehr berührt.

Da das Wetter fast die ganze Woche einem Bilderbuchwetter geglichen hat, ist meine Stimmung auch entsprechend gut. Zwar haben wir Minustemperaturen mit Rekordtiefen, aber tagsüber strahlt die Sonne am wolkenlosen Himmel. Heute Vormittag bin ich wieder über verschneite Wege gewandert und habe das Glitzern der Schneekristalle bewundert. Die Sonnenstrahlen werden durch die Schneekristalle reflektiert und leuchten wie Tausende von kleinen Sternen. Am liebsten hätte ich mich in den Schnee gelegt und geträumt.

Montag, 12. Januar 2009

Heute Morgen war ich wieder im Fitness-Studio zum Trainieren. Da ich Robin zuerst in den Kindergarten gebracht habe, war ich etwas später dran als sonst. Die Leute, die bereits trainierten, waren überwiegend Bodybuilder. Zum einen fand ich es nicht besonders ermutigend, wenn die Muskelprotze ihre schweren Gewichte gestemmt haben, und zum anderen lief im Hintergrund

eine Sendung über die Besten der deutschen Volksmusik. Das hat ja prima zusammengepasst. Als ich mich dann erdreistete, den Fernseher auf stumm zu stellen und stattdessen das Radio einzuschalten, dauerte es keine zehn Minuten und irgendjemand hatte wieder alles rückgängig gemacht. Ich wusste gar nicht, dass man gleichzeitig mit seinen Muskeln protzen und dazu »Schunkelmusik« hören kann!
Ich habe mich auf jeden Fall durch meinen Trainingsplan gearbeitet trotz dieses »passenden« Hintergrundsounds.

Gestern haben wir wieder das schöne Wetter ausgenutzt und sind mit der ganzen Familie wandern gegangen. Da die Sonne wieder schien, hat es Spaß gemacht, sich in der Natur zu bewegen. Ich finde es einfach toll, dass die Kinder sich haben überreden lassen mitzuwandern. Hannah hatte zwar nicht so richtig Lust zum Wandern, aber unterwegs war sie gut zu Fuß und ich glaube, es hat auch ihr gefallen. Als Belohnung durften sie sich einen Stempel auf ihre Zahnputzliste machen. Jedes Mal, wenn sie morgens oder mittags ihre Zähne putzen, gibt es für jedes Kind einen Stempel. Bei fünfzehn Stempeln gibt es dann eine Überraschung. Einmal haben sie bereits ihre Stempel eingelöst und Hannah hat ein Buch und Robin eine CD geschenkt bekommen. Nun ist die Motivation zum Zähneputzen umso größer. Da nicht nur das Zähneputzen, sondern auch das Wandern nicht ganz der Fall der Kinder ist, kann man sie so schon mal eher locken. Noch greift diese Belohnungsstrategie bei unseren Kindern.

Mittwoch, 14. Januar 2009

Nach einer dreiwöchigen Pause war ich heute Morgen wieder in der Psychotherapie. Da ich letzte Nacht schlecht geschlafen habe, Robin lag ab ein Uhr nachts bei uns im Bett, bin ich heute Morgen leicht verschlafen aufgewacht. Ich bin nicht ganz fit. Müde Augenlider und eine leichte Müdigkeit machen mir wieder zu schaffen.

In der Therapie haben wir über das vergangene Weihnachtsfest gesprochen, da es mir vor und über die Festtage psychisch nicht besonders gut ging. Ich hatte mit einer leichten Depression zu kämpfen, die sich vor allem in Form einer Lähmung meiner Handlungsabläufe und meines Denkvermögens ausgewirkt hat. Ich hatte überhaupt keine Lust auf das Weihnachtsfest mit dem Friede-Freude-Eierkuchen-Getue. Aber irgendwie habe ich es dann doch überstanden.
Was ich als Nächstes gut vorbereitet angehen muss, ist mein Start in den Berufsalltag. Die Psychotherapeutin hat dieses Thema auch angesprochen. Ich habe meine Befürchtungen bezüglich einer wieder auftretenden Depression angesprochen. Sie teilte mit mir diese Befürchtung, da ich noch einige Zeit brauchen könnte, um mich von meiner Erkrankung vollständig zu erholen. Da jedoch der Amtsarzt meine Berufsunfähigkeit für den 1. Februar dieses Jahres für beendet erklärt hat, muss ich den Versuch starten und wieder mit dem Arbeiten beginnen. Falls es jedoch nicht klappen sollte, schreibt mich meine Ärztin wieder krank. Ich möchte wieder ganz normal am Alltagsleben teilnehmen, d.h. auch wieder in meinem Beruf arbeiten gehen. Ich habe mittlerweile mit den Unterrichtsvorbereitungen begonnen, mein Büro neu geordnet

und alles Überflüssige in die Mülltonne geworfen. Diese Vorbereitungen haben mir Spaß gemacht. Negative Gefühle kamen zum Glück keine auf. Einiges steht zwar noch an, aber das werde ich in den nächsten Tagen erledigen. Ich bin eigentlich froh, dass der normale Alltag wieder für mich beginnt, aber trotzdem habe ich große Angst, dass ich scheitern könnte. Und die Gefühle, die mir dann zu schaffen machen werden, davor habe ich noch größere Angst. Ich möchte wieder ganz gesund werden und vor allem das Schöne an diesem Leben genießen können. Auch wenn ich arbeiten gehe, läuft meine Psychotherapie weiter. Ich arbeite dann nach wie vor an mir, auch wenn mir weniger Zeit zur Verfügung steht. Dann muss ich mein Leben so organisieren, dass ich zu Hause mehr Freizeit zur Verfügung habe. Heute Vormittag habe ich eine Anzeige im HIT-Markt wegen der Suche nach einer Reinigungskraft für vier Stunden in der Woche aufgehangen. Wenn sich daraufhin niemand meldet, werde ich eine Anzeige im Verbandsgemeindeblatt aufgeben. Ich muss mich zu diesem Schritt durchringen, auch wenn es mir noch so schwer fällt. Ich muss auf meine Gesundheit achten und mir mein Leben so angenehm wie möglich gestalten. Warum mir diese Entscheidung so schwer fällt und ich sie seit einigen Wochen hinauszögere, kann ich selbst nicht ganz nachvollziehen. Nach wie vor fällt es mir schwer, jemand Fremdem diese Arbeit zu übergeben, obwohl wir vor Jahren schon mal eine Putzfrau hatten. Wir werden einen neuen Versuch starten müssen. Vielleicht läuft es ja besser, als ich befürchte.

Donnerstag, 15. Januar 2009

Heute Vormittag habe ich einen weiteren Schritt in Richtung Wiedereinstieg in den Beruf unternommen. Da ich noch Unterrichtsmaterialien für die Vorbereitung meines Unterrichts benötigte, habe ich mich spontan dafür entschieden, der Schule einen Besuch abzustatten. Zuerst habe ich das zweite Schuljahr besucht. Die Kinder kannten mich noch von meiner Arbeit im ersten Schuljahr und waren entsprechend offen mir gegenüber. An die meisten Namen konnte ich mich sogar noch erinnern, auch wenn ich schon seit zehn Monaten nicht mehr unterrichte. In der Frühstückspause habe ich den Kindern eine Geschichte von Peterssen und Findus vorgelesen. Die Klassenlehrerin hat mich dann eingeladen, auch die nächste Stunde zu bleiben. Schon nach kurzer Zeit habe ich mich so gefühlt, als wäre ich nie weg gewesen. Am anderen Schulstandort kannten mich nur wenige Kinder. Die einzelnen Unterrichtsfächer, die ich im dritten Schuljahr unterrichten werde, habe ich inhaltlich abgeklärt, sodass ich jetzt alle Unterrichtsvorbereitungen zu Hause treffen kann. Gefühlsmäßig ging es mir recht gut. Am Anfang war ich schon ein bisschen aufgeregt, doch das hat sich schnell gelegt. Ansonsten habe ich keine großen Höhen und Tiefen erlebt, auch wenn ich jetzt etwas aufgekratzt und zugleich müde bin. Beim Mittagessen hat mich Günter immer wieder von der Seite angeschaut. Er meinte, ich würde so merkwürdig aussehen, eben etwas aufgekratzt von all den neuen Eindrücken. Ich muss mich erst wieder zurechtfinden und den bevorstehenden Berufsalltag neu in mein Leben einordnen. Aber ich glaube und hoffe, dass ich es ohne größere Probleme bewältigt bekomme.

Freitag, 16. Januar 2009

Gestern Nachmittag habe ich mich noch mal nach über zwei Monaten an meine Malerei gesetzt. Seitdem ich mich intensiv mit den Übertragungen meiner Tagebuchaufzeichnungen in den Computer beschäftigt habe, hatte ich weder Zeit noch die nötige Muße, mich mit der Acrylmalerei zu beschäftigen. Ich war ganz gefangen in meinen Überarbeitungen und hatte bis gestern weder die nötige Motivation noch einen Zugang zum Malen gefunden. Auf einem Keilrahmen habe ich verschiedene Motive von Hundertwasser vorgezeichnet und bin nun dabei, sie ausmalen. Nachdem ich gestern Nachmittag etwas aufgekratzt von meinem Schulbesuch war, habe ich beim Malen die nötige Ruhe und Ausgeglichenheit wiedergefunden. Als Robin vom Spielen nach Hause kam, meinte er, dass es doch »so schön« sei, dass ich wieder mit dem Malen begonnen hätte. Dass sei dann so gemütlich und er liebe es, mir dabei zuzusehen. So hat er sich dann auch neben mich gesetzt und mir eine Weile zugesehen. Scheinbar wirkt das Ganze auch auf ihn sehr beruhigend. Dann kann er um mich herum spielen und sich zwischendurch auch mit mir unterhalten. Hannah hat sich mehr für das Ausgestalten des Bildes interessiert, da sie zwischendurch immer mal wieder einen Blick auf mein Bild geworfen hat.

Als ich heute Morgen aufgestanden bin, war ich zunächst wegen meiner anhaltenden Rückenprobleme schlecht drauf. Es nervt mich, wenn ich ständig irgendwo am Rücken Schmerzen spüre. Ich habe dann das Gefühl, dass ich überall Blockaden habe. Doch ich kann mich ja nicht jede Woche einrenken lassen! Mein regelmäßiges Training im Fitness-Studio bekommt mir zwar gut, die ständigen Rückenschmerzen haben sich auch erheblich verbessert, doch hatte ich gehofft, dass das häufige Auftreten der Blockaden sich auch reduzieren würde. Doch davon ist zurzeit nichts zu spüren. Auch habe ich für nächste Woche zwei Therapietermine bei meinem Lieblingstherapeuten. Vor etwa drei Monaten ist er erkrankt und beginnt nächste Woche wieder mit seiner Arbeit. Ich freue mich schon auf die Gespräche mit ihm. In der Zeit, als es mir sehr schlecht ging, hatte ich immer wieder gute Gespräche mit ihm. Zudem hat er mir einige nützliche Tipps gegeben, die ich auch umgesetzt habe. Er hat mir sowohl ein Medikament bei Burn-out-Symptomen als auch einen guten Psychotherapeuten genannt.

Im Laufe des Tages werde ich mich weiter meinen Unterrichtsvorbereitungen widmen. Allmählich fange ich an mich auf meinen Unterricht zu freuen. Da ich beide Klassen besucht habe, weiß ich in etwa, was auf mich zukommen wird. Ich bin schon gespannt, wie die 3. Klasse mich als Lehrer aufnehmen wird. Da es nur dreizehn Kinder sind, die eine gute Klassengemeinschaft haben, macht es bestimmt Spaß, sie zu unterrichten. Besonders auf Religion freue ich mich schon, da ich hier mehr von den Kindern erfahre. Es bleibt immer wieder Zeit für Gespräche mit den Kindern, in denen sie mir erzählen können, was sie gerade beschäftigt.

Montag, 19. Januar 2009

Da es gestern den ganzen Tag geregnet und geschneit hat, also nasser Schnee von oben herunterkam, sind wir ins Cochemer

Erlebnisbad gefahren. Als wir mittags ankamen, wunderten wir uns über die überfüllten Parkplätze. Doch eigentlich war es ganz logisch, dass viele Familien mit Kindern das Schwimmbad aufsuchten. So mussten wir zunächst einmal in einer Schlange vor der Kasse anstehen. Im Schwimmbad selbst ging es trotz des großen Betriebes normal zu. Da das Schwimmbad auf drei Ebenen verteilt ist, ließ es sich gut aushalten. Die Kinder hatten riesigen Spaß beim Planschen, Rutschen und im Wellenbad. Doch nach drei Stunden hatten wir genug und brachen unsere Zelte ab. Für einen verregneten Sonntagnachmittag war es ein gelungener Familientag.

Heute Morgen war ich im Fitness-Studio. Vor dem Training bekam ich eine craniosakrale Anwendung bei meinem Lieblingstherapeuten. Er war seit über zehn Wochen Erkrankungsphase wieder in seiner Praxis. Er begrüßte mich ganz freundlich, war aber ansonsten sehr verschlossen mir gegenüber. So habe ich auch nicht weiter nach seinem Befinden gefragt, da ich wohl akzeptieren muss, dass er nicht über seine Erkrankung sprechen möchte. Am Anfang war ich etwas irritiert, da ich wohl insgeheim gehofft hatte, wenigstens ein paar Informationen zu erhalten. Im Nachhinein hätte ich wenigstens sagen können, dass ich mich freue, ihn wieder in der Praxis zu sehen. Da ich am Freitag wieder einen Termin bei ihm habe, kann ich das ja noch nachholen. Vielleicht ist er dann auch etwas offener im Umgang mit seinen Patienten. Nach einem dreimonatigen Ausfall wegen Erkrankung fällt es wohl vielen schwer, den Alltag und seine Herausforderungen wieder gelassen aufzunehmen. Da brauche ich nicht weit Ausschau zu halten und kann zuerst bei mir anfangen. In zwei Wochen starte ich wieder in den Berufsalltag. Wie ausgeglichen ich dann wohl sein werde? Als ich letzte Woche der Schule einen Besuch abgestattet habe, hatte ich am Abend zuvor und auch danach verstärkt mit Spannungsschmerzen im Rücken zu tun. Wo die Schmerzen wohl herkamen? Heute kann ich mir die Frage ohne Probleme beantworten. Jedoch gehe ich frohen Mutes an meinen Wiedereinstieg heran. Ich freue mich sogar auf diese neue Herausforderung, da es zu Hause mit der Zeit doch monoton ist. Mein Buch ist so weit bearbeitet. Ich warte auf die Rückmeldung eines Buchverlags, dem ich vor Weihnachten eine Leseprobe zugesendet habe. Voraussichtlich enden meine Aufzeichnungen drei bis vier Wochen nach meinem Berufseinstieg, wenn alles gut verläuft. Dann kann ich das Manuskript auch an andere Buchverlage schicken. Ich bin schon riesig gespannt, was sich daraus entwickelt. Manchmal ertappe ich mich bei Tagträumen bezüglich meines Buches. Die Vorfreude ist eine angenehme Erscheinung, auch wenn dann das Erwachen kommen wird. Aber bis dahin kann ich ja noch ein bisschen vor mich hin träumen.

Sonntag, 25. Januar 2009

Mittlerweile ist meine ganze Familie an der Grippe erkrankt. Ich dagegen schlage mich noch tapfer und versorge die Erkrankten mit den notwendigen Medikamenten. Nachdem Robin schon seit Mittwoch in den Seilen hängt, fing Hannah Freitagabend an über Kopf- und Halsschmerzen sowie über Kältegefühl zu klagen. Nachts hatte sie dann über 39 Grad Celsius Fieber. Samstag ging es dann Günter immer schlechter. Heute liegt er auf der Couch und regt sich nicht mehr. Sowohl Hannah als auch Günter klagen über starke Kopfschmerzen. Ich hingegen wehre mich noch, obwohl ich bereits gestern auch mit Kopf- und Halsschmerzen zu kämpfen hatte. Heute geht es mir jedoch recht gut, obwohl ich auch nicht hundertprozentig auf der Höhe bin. Aber noch liege ich nicht flach und strecke alle viere von mir. Was nicht ist, kann ja noch kommen. Normalerweise bleibe ich auch nicht davon verschont, auch wenn es mich nicht so schlimm erwischt wie die Kinder. Da Robin wieder auf dem Weg der Besserung ist, habe ich noch Hoffnung, dass alles in einer Woche ausgestanden ist. Die nächsten Tage werden die Kinder noch zu Hause bleiben, bis sie wieder einigermaßen auf dem Damm sind.

Der 4. Februar rückt immer näher. Ich freue mich schon auf den Unterricht und hoffe, dass alles gut verläuft. Wenn ich kurz vorher an einer Grippe erkranke, werden die Kollegen denken, dass ich wieder an einer Depression erkrankt bin. Wenn es so ist, kann ich auch nichts ändern, aber förderlich wäre es für mich und meinen Wiedereinstieg nicht. Da zum Glück keiner die Zukunft voraussagen kann, heißt es jetzt nur abwarten und sehen, was die Zukunft mit sich bringt.

Montag, 26. Januar 2009

Heute Abend wird sich eine Frau auf die Putzstelle, die ich in zwei Lebensmittelmärkten ausgehängt habe, vorstellen. Am Telefon war sie sehr penetrant und behauptete von sich selbst, dass sie sehr gut im Putzen sei und bei ihren anderen Putzstellen neun Euro pro Stunde bezahlt bekomme. Das Gespräch hat zuerst bei mir eine starke Abneigung bewirkt. Als wir letztes Wochenende geputzt haben, ist mir das Gespräch immer wieder durch den Kopf gegangen und für mich war klar, dass diese Frau nicht in unser Haus kommt. Doch mittlerweile bin ich ganz neugierig. Aber ich werde ihr höchstens acht Euro die Stunde zahlen. Ob sie sich darauf einlässt, da bin ich schon sehr gespannt. Zudem sollte sie uns auch sympathisch sein. Da sie während unserer Abwesenheit das Haus putzen wird, muss ein gewisses Vertrauensverhältnis zu ihr bestehen. Wenn wir auf keinen gemeinsamen Nenner kommen, schalte ich im nächsten Mitteilungsblatt eine Anzeige. Ab nächster Woche beginne ich mit der Arbeit, sodass auch dieser Teil jetzt geklärt werden muss. Es ist bestimmt sehr angenehm, wenn das Haus einmal in der Woche geputzt wird. Da bleiben noch genügend andere Arbeiten für mich übrig. Zudem putze ich nicht besonders gerne.

Dienstag, 27. Januar 2009

Heute Vormittag hatte ich immer noch ein ganzes Lazarett zu Hause. Hannah hatte nach dem Aufstehen noch hohes Fieber und sie sieht auch jetzt noch ziemlich mitgenommen aus. Robin hingegen hätte in den Kindergarten gehen können, doch sein Schnupfen und Husten sind nach wie vor ziemlich stark. Zu Hause hat er mehr Bewegungsfreiheit und immer die Möglichkeit, sich zwischendurch auszuruhen. Im Laufe des Vormittags kam auch noch der Sohn meiner Schwester, dem es gesundheitlich ähnlich wie Hannah geht, zum Spielen vorbei. Entweder war einer von ihnen am Niesen oder erlag einem Hustenanfall. Also fliegen die Viren hier nur so durch die Luft. Wahrscheinlich machen die Viren einen Wettkampf, wer am schnellsten ein neues Opfer findet, wo er sich niederlassen kann. Über Halsschmerzen, leichte Kopfschmerzen und Husten kann ich auch klagen, aber solange ich kein Fieber bekomme und flachliege, darf ich mich nicht beklagen.

Wenn ich aus dem Fenster schaue, sehe ich eine von Kälte erstarrte Winterlandschaft. Es sieht so aus, als ob sich die Natur in einem Winterschlaf befände. Ab und zu fliegt ein Vogel zum Vogelhäuschen, ansonsten tut sich draußen nichts. Wo haben sich nur all die Tiere versteckt, die man ansonsten auch bei einem milderen Winter zu Gesicht bekommt? Das Vogelhäuschen fülle ich seit Monaten in regelmäßigen Abständen immer wieder auf und auch Meisenknödel hängen an verschiedenen Hecken verteilt und warten auf ihre Besucher. Für die Tierwelt haben wir einen ziemlich strengen Winter. Doch im Frühling werden die Vögel sich hoffentlich wieder zahlreich zeigen und die Luft mit ihrem schönen Gesang erfüllen.

Donnerstag, 29. Januar 2009

Da die Kinder aufgrund ihrer Erkältung schon seit Ende letzter Woche zu Hause sind, habe ich kaum noch Zeit, mir Gedanken über mich und meine gesundheitliche sowie berufliche Zukunft zu machen. Es hat einen Vorteil, wenn man durch ständige Ablenkung nicht mehr zum Nachdenken kommt, zumindest vorübergehend. Jetzt sind es nur noch sechs Tage, bis ich mit der Arbeit beginne. Da ich den Unterricht schon Anfang Januar vorbereitet habe, muss ich mich nur noch mental darauf vorbereiten. Doch zunächst stehen noch andere Dinge an. Gestern war ich mit Robin zur Vorsorgeuntersuchung (U9). Wie ich schon erwartet habe, hat er seit seinem letzten Infekt wieder einen Paukenerguss rechts und hat beim Hörtest auf beiden Ohren schlecht gehört. Auch hat er Auffälligkeiten bei der Hörwahrnehmung gezeigt, sodass wir wieder einen Logopäden aufsuchen dürfen. Da er auch Probleme mit seiner Körperwahrnehmung hat, gehen wir heute Nachmittag zur Krankengymnastik. Näheres werde ich wohl dort erfahren. Wenn ich mir jetzt meinen Terminkalender anschaue, muss ich feststellen, dass in naher Zukunft keine Langeweile aufkommen wird. Robin hat dann fünf und Hannah hat drei Termine am Nachmittag. Doch es beruhigt mich, dass es sich bei allem um nichts Dramatisches handelt. Robins Defizite sind minimal und lassen sich durch entsprechende Therapieformen positiv in ihrer Entwicklung beeinflussen. Ich bin froh, dass ich nur an zwei Tagen arbeiten gehe, sodass meine Woche nicht bis auf den letzten Termin ausgebucht ist. Ich werde hoffentlich auch noch für mich ein wenig Zeit zur Ruhe finden. Ich darf mich selbst nie aus den Augen verlieren. Eine gewisse Gelassenheit hinsichtlich der nächsten Wochen und Monate ist sicherlich förderlich.

Meine Schwester hat mir per Karte einen guten Wiedereinstieg in meinen Beruf gewünscht. Ich war gerührt und habe mich riesig darüber gefreut. Ich spüre, dass ich nicht alleine dastehe, sondern es denken auch ein paar liebe Menschen an mich und drücken mir die Daumen. Durch meine lange Krankheitsphase muss ich immer wieder feststellen, wie wichtig Freunde und gute Bekannte, die einem besonders in schwierigen Situationen zur Seite stehen, im Leben sind. Dabei wird dann auch ganz offensichtlich, wie nahe einem die Menschen stehen und wer sich wirklich für einen interessiert und was nur oberflächliche Bekanntschaften sind. Da ich meine Freundschaften immer versucht habe zu pflegen und mir sehr viel an einem Austausch liegt, haben mich viele auch in meiner Krankheitsphase unterstützt. Vor allem die vielen Gespräche haben mir geholfen, klarer in meinem Leben und wieder Licht am Ende des dunklen Tunnels zu sehen. Ich kann jedem nur empfehlen, seine Kontakte zu anderen Menschen zu pflegen und sich nicht in sein Schneckenhaus zurückzuziehen. Da wir Menschen alle soziale Wesen sind und auf den Kontakt mit anderen Menschen angewiesen sind, braucht jeder Einzelne von uns andere Menschen um sich herum, um ein menschenwürdiges Leben auch leben zu können. Doch gerade in unserer Industriegesellschaft scheint das Phänomen der Vereinsamung immer größer zu werden. Vor allem ältere Menschen leben häufig isoliert in einer kleinen Zweizimmerwohnung eines Hochhauses in einer Großstadt. Da können wir Landmenschen noch von Glück sagen, dass wir eine Nachbarschaft haben, die wir kennen und zu der wir Kontakt pflegen können, wenn auch zum Teil nur oberflächlich.

Freitag, 30. Januar 2009

Heute Mittag kommt sich die zweite Putzfrau vorstellen. Sie hat sich vor einigen Tagen auf meinen Aushang im Supermarkt gemeldet. Am Telefon hat sie sich ganz ordentlich angehört. Sie hat wohl das dringende Bedürfnis, diese Putzstelle zu bekommen, da sie scheinbar auf das Geld angewiesen ist. Zurzeit arbeitet sie im Supermarkt an der Kasse auf 400-Euro-Basis. Ein bisschen zusätzliches Einkommen würde ihr da nicht schlecht tun. Der Haken an der ganzen Sache ist, dass sie kein Auto hat und somit mit ihrem Fahrrad die fünf Kilometer bis zu uns fahren muss. Wenn man bedenkt, dass sie bei Wind und Wetter diesen Weg zurücklegen muss, dann ist das nicht so ganz ohne. Es geht ständig bergauf und bergab und die Winter sind sehr kalt und die Sommer häufig verregnet. Aber da sie es nicht als Problem ansieht, muss sie mit ihrer Situation zurechtkommen.

Bei all diesen Überlegungen ist mir wieder einmal bewusst geworden, welche Armut auch bei uns in Deutschland herrscht. Ohne Auto in der Stadt zu leben, so denke ich, ist kein Problem. Das habe ich auch während meiner Ausbildung in Köln und meines Studiums in Koblenz problemlos bewältigt, aber auf dem Land sieht das ganz anders aus. Hin und wieder das Auto in der Garage stehen zu lassen und auf das Fahrrad zu wechseln, ist für mich kein Thema, aber tagtäglich darauf angewiesen zu sein, ist eine ganz andere Geschichte. Für mich ist es selbstverständlich, ein Auto zu haben. Wenn das Auto zwischendurch in die Werkstatt muss, fühle ich mich eingeengt und in meiner Freiheit begrenzt. Das Auto ist für mich kein Luxus, sondern ein Gebrauchsgegenstand, den ich täglich brauche, um mich hier auf dem Land fortbewegen zu können. Wenn wir sonntags frische Brötchen zum Frühstück kaufen, müssen wir drei Kilometer fahren. Einfach mal so um die Ecke gehen und ein paar Lebensmittel besorgen, das ist bei uns nicht möglich. Dafür können wir aber schöne Wanderungen durch eine noch intakte Natur unternehmen, wenn man einmal vom sauren Regen und seinen Auswirkungen auf die Wälder absieht, ohne mit dem Auto lange Fahrten zu irgendeinem Stausee oder Wandergebiet unternehmen zu müssen. Auf jeden Fall bin ich gespannt auf das Vorstellungsgespräch und hoffe, dass wir unser Putzproblem damit gelöst haben. Die letzte Frau, die sich auf die Putzstelle beworben hat, wollte nicht unter 9 Euro die Stunde arbeiten.

Montag, 1. Februar 2009

Der größte Teil unseres Lebens wird durch den Alltag und seine Routine sehr stark bestimmt. Da die Kinder die letzten zwei Wochen an einer Grippe erkrankt waren, hatte ich kaum noch Zeit für mich selbst. Doch statt dass ich es schmerzlich vermisst hätte, habe ich eine andere Art von Bereicherung und Erfüllung gefunden. Es hat mir Spaß gemacht, mich um meine Kinder zu kümmern und sie mit den medizinisch notwendigen Dingen zu versorgen. Meine Mutterrolle konnte ich voll und ganz ausfüllen. Das Versorgen der Kinder hat sich positiv auf meine Psyche ausgewirkt. Da ich kaum Zeit zum Nachdenken hatte, konnten sich auch keine negativen Gedanken manifestieren. Heute habe ich wieder einen Vormittag für mich ganz alleine, den ich gestalten kann, so wie ich es möchte. Nachdem ich meine Tagebuchnotizen aktualisiert habe, werde ich noch ein paar Lieder auf der Gitarre spielen und vielleicht noch einen Spaziergang durch den neu gefallenen Schnee machen. Zurzeit übe ich neue Lieder auf der Gitarre, die ich dann im Unterricht einsetzen kann. Dazu habe ich mir eine CD von Detlev Jöcker »Das Liederbuch zum Umhängen« gekauft. Hier werden hundert religiöse Kinderlieder kurz angespielt. Wenn ich mir die Lieder einige Male anhöre, habe ich die Melodie im Kopf und das Nachspielen fällt mir erheblich leichter, als wenn ich mir die neuen Melodien mit der Blockflöte vorspiele. Ein neu gewonnenes Liedrepertoire kann ich vor allem im Unterricht gut gebrauchen, zudem spiele ich die Lieder auch gerne zu Hause auf der Gitarre. Es macht mir Spaß und das Singen und Spielen wirken ausgleichend auf meine Gemütsverfassung. Außerdem muss ich meine Unterrichtsvorbereitungen noch durchsehen, damit ich am Mittwoch ohne Probleme in der Schule wieder starten kann.

Dienstag, 3. Februar 2009

Der Countdown läuft! Morgen geht es los. Nach genau zehn Monaten Krankheitsphase trete ich morgen meinen Dienst wieder an. Bis jetzt fühle ich mich noch ganz gut. Ich freue mich schon auf morgen, auch wenn ich bereits ein wenig aufgeregt bin. Die Klasse, in der ich unterrichten werde, kenne ich nur von meinem letzten Besuch in der Schule. Wie mir bereits von verschiedenen Seiten zugetragen wurde, soll es sich um eine leistungsstarke und gut zu unterrichtende Klasse handeln. Da meine Themen, die ich für den Einstieg ausgewählt habe, recht anspruchsvoll sind, bin ich schon gespannt, wie die Kinder darauf reagieren werden. Angenehm ist auch, dass ich den ganzen Vormittag in einer Klasse unterrichte und nicht ständig hin und her springen muss. Nun bin ich bald wieder rehabilitiert. Hoffentlich reichen meine neu gewonnenen Kräfte aus, um mich auf lange Zeit dem Alltag zu stellen. Ich wünsche mir, dass alles wieder ganz normal läuft, ich im Alltag genügend Zeit für mich selbst finde und das Leben als ein lebenswertes Leben wahrnehmen und leben kann. Ich möchte nie mehr so tief fallen wie noch vor fast einem Jahr. Die ganzen Qualen und seelischen Schmerzen haben einiges von mir abverlangt. Zwar bin ich daran gereift und fühle mich heute viel bodenständiger und sehe klarer in meinen Wünschen und Hoffnungen, trotzdem wünsche ich keinem Menschen, dass er diesen Weg gehen muss.

Die Sache mit der Einstellung einer Putzfrau habe ich mir nochmals reichlich überlegt. Da wir bis jetzt nichts Passendes gefunden haben, werde ich vorerst davon absehen, weiter nach einer Putzfrau Ausschau zu halten. Da Günter und ich meistens gemeinsam das Haus putzen, ist es nicht so viel Arbeit für jeden Einzelnen. Außerdem habe ich so die Gelegenheit, einmal in der Woche alles durchzuräumen. So behalte ich auch den Überblick, wenn etwas verlegt wird.

Mittwoch, 4. Februar 2009

Heute war mein erster Schultag. Aus diesem Anlass hat Günter mir gestern ein Körbchen mit Frühlingsblumen geschenkt. Meine Schwester hatte mir ja schon letzte Woche eine Karte geschickt und mir alles Gute für den Berufsstart gewünscht. Diese Anteilnahme hat mich berührt. Es tut gut, zu wissen, dass es Menschen gibt, die sich für mich interessieren. Eine Kollegin begrüßte mich mit den Worten: »Schön, dass du wieder da bist.« Das war eine schöne Begrüßung zu meinem Berufsstart. Heute früh war ich schon ein wenig aufgeregt. Nachts habe ich sogar geträumt, ich müsste zudem noch eine Lehrprüfung ablegen. Doch das war zum Glück nicht der Fall. Der Vormittag verlief, wie ich erwartet hatte. Ich war im dritten Schuljahr den ganzen Vormittag eingesetzt, sodass ich die Kinder in Ruhe kennen lernen konnte. Mittlerweile habe ich mir die meisten Vornamen gemerkt. Da es nur dreizehn Kinder insgesamt sind, ist die Anzahl der Namen überschaubar. Es hat mir richtig Spaß gemacht, wieder zu unterrichten. Die Kinder waren sehr motiviert und haben gut mitgearbeitet. Es ist eine sehr angenehme Schulklasse. Diese schulischen Gegebenheiten haben mir auf jeden Fall den Start erleichtert.

Freitag, 6. Februar 2009

Die erste Woche ist vorüber und ich muss sagen, dass es schön war wieder zu unterrichten. Der Donnerstag verlief auch sehr angenehm. Die Kinder aus dem zweiten Schuljahr kannten mich noch, sodass wir schnell in den Unterricht einsteigen konnten.

Heute Vormittag hatte ich wieder Psychotherapie. Die Therapeutin meinte gegen Ende der Sitzung, dass wir die Therapien von einer Stunde auf dreißig Minuten kürzen könnten. Da ich mittlerweile psychisch stabiler sei, wäre es ratsam, die Therapie in ihrem zeitlichen Umfang zu reduzieren. Da die Beihilfe mir dreißig Sitzungen einschließlich der fünf probatorischen Sitzungen genehmigt hat und ich bis jetzt dreiundzwanzig Sitzungen in Anspruch genommen habe, bleiben mir noch sieben Sitzungen. Wenn diese Therapien auf vierzehn halbstündige Sitzungen verteilt werden, kann ich sie noch über einen längeren Zeitraum in Anspruch nehmen. In den nächsten Monaten will die Therapeutin entscheiden, ob eine Fortsetzung der Therapie notwendig ist und ein weiterer Antrag bei der Beihilfe gestellt werden muss. Die Äußerung, dass ich mittlerweile psychisch stabiler sei, fand ich sehr positiv. Ich fühle mich auch gut. Ich bin glücklich, dass mein Berufsstart so gut funktioniert hat. So brauche ich mir darüber keine Gedanken mehr zu machen. Ich freue mich bereits auf die nächste Woche.

Sonntag, 8. Februar 2009

Heute wurde Kinderkarneval im Nachbardorf gefeiert. Hannah war schon ganz aufgeregt, da vier ihrer Freundinnen beim Kinderkarneval aktiv mitmachten. Da Robin gestern wieder zu fiebern anfing und auch heute noch ziemlich blass ist, sind wir zwei zu Hause geblieben. Ich musste mich Günter gegenüber durchsetzen, damit ich zu Hause bleiben durfte, weil auch er nicht die richtige Lust auf Karneval verspürte. Aber was macht man nicht alles der lieben Kinder wegen!

Nach einem ausgiebigen Spaziergang heute Vormittag bin ich allmählich ein wenig wacher geworden. Die Nacht habe ich mich mit Robin rumgeschlagen, d.h., er hat sehr unruhig geschlafen, sodass ich ihm mitten in der Nacht noch einmal Fieber gemessen habe. Außerdem ist er im Laufe der Nacht immer näher zu mir herübergekommen, sodass ich jeden Seufzer, und das waren viele, mitbekommen habe. Dementsprechend habe ich mich heute Vormittag gefühlt. Ein kleiner Mittagsschlaf hat mir dann über meinen Tiefpunkt hinweggeholfen. Nun fühle ich mich wieder einigermaßen fit. Robin sieht sich zurzeit eine DVD von Felix an. Er liebt es, fernzusehen, obwohl er täglich ein Limit von gut einer Stunde nicht überschreiten darf. Eine Ausnahme machen wir im Krankheitsfall. Dann darf er auch schon mal nachmittags sich eine DVD ansehen. Ich für meinen Teil kann da nur sagen, seitdem die Kinder abends eine Stunde fernsehen, kehrt früher Ruhe ins Haus und ich kann mich entspannen und meinen Dingen ungestört nachgehen. Das ist schon eine angenehme Sache. Ich bin froh, dass ich mich Günter gegenüber durchgesetzt habe. Die Kinder sind mittlerweile fünf und fast acht Jahre alt. Ein wenig Fernsehen schauen kann ja wohl nicht schaden, insbesondere wenn es sich um altersgerechte und gewaltfreie Sendungen handelt.

Morgen beginnt wieder eine neue Woche. Ich freue mich schon darauf. Zurzeit habe ich eine recht positive Grundstimmung. Sie rührt wahrscheinlich daher, dass ich mit dem Arbeiten begonnen habe und weiß, dass ich wieder in meinem Beruf arbeiten kann. Nun gilt es nur noch, alle Angelegenheiten drum herum so zu gestalten, dass ich nicht zu kurz komme. Letzte Woche hat es schon recht gut geklappt. Wenn Günter am Wochenende zu Hause ist, finde ich immer wieder Zeit, alleine spazieren zu gehen. Die körperliche Belastung und vor allem die Ruhe bringen mir eine innere Ausgeglichenheit. Dann kann ich meinen Gedanken freien Lauf lassen, ohne ständig durch irgendwelche Kinderangelegenheiten abgelenkt zu werden.

Montag, 9. Februar 2009

Das Wochenende ist vorüber, die fieberhafte Erkrankung von Robin ausgestanden und nun habe ich endlich wieder, nachdem Robin im Kindergarten und Hannah in der Schule ist, drei Stunden für mich Zeit. Da sich die Wäsche auf den Wäscheständern gestapelt hat, habe ich mich zunächst einmal an die Arbeit gegeben. Nun habe ich noch ein bisschen Zeit, meine Tagebucheintragungen zu aktualisieren und vielleicht noch ein Buch zu lesen, bevor Hannah aus der Schule und Robin hungrig vom Kindergarten nach Hause kommt. Gekocht wird heute, was schnell geht. Ich muss mir noch überlegen, was heute auf den Mittagstisch kommt. So ist auch meine sogenannte Freizeit vollgestopft mit Aktivitäten, zum Teil den Haushalt betreffend, aber auch zum Teil nur für mich selbst. In den nächsten Wochen muss ich den Tages- und Wochenablauf neu ausbalancieren und jeden Tag von Neuem überdenken, ob ich nicht zu viel an Aktion hineingepackt habe und dabei selbst zu kurz komme. Auf lange Sicht möchte ich auf keinen Fall wieder in das alte Fahrwasser rutschen. Ich muss höllisch aufpassen, dass ich mich davor rechtzeitig schütze.

Ich freue mich schon riesig auf den Frühling. Die Kinder können dann wieder draußen spielen, ich kann mich ab und zu auf eine Liege legen und die Natur um mich herum genießen. Zu diesem Zweck habe ich im Versandkatalog zwei neue Holzliegen bestellt, ähnlich wie die in der Klinik. Zum Entspannen eignen sie sich hervorragend. Zudem hoffe ich, dass ihre Lebensdauer etwas länger ist als die bei den Plastikliegen, die wir bis jetzt immer hatten. Diese lösen sich bei uns nach einer Gebrauchsdauer von drei bis vier Jahren in Wohlgefallen auf. Die Spiralen gehen aus ihrer Halterung und das Plastik fängt an brüchig zu werden und zu reißen. Ich muss natürlich dazu sagen, dass sie auch bei unseren Kindern zum Teil sehr gelitten haben. Als sie noch kleiner waren, sind sie darauf rumgehüpft oder haben sie als Rutsche benutzt. Holzgartenmöbel finde ich einfach natürlicher und von der Optik schöner. Sie passen zu unseren anderen Gartenmöbeln und eine Unterstellmöglichkeit für den Winter haben wir auch auf der überdachten Terrasse. Jetzt träume ich schon vom Frühling, obwohl der Winter uns noch fest im Griff hat. Es schneit wieder einmal, auch wenn die Schneemengen noch überschaubar sind und nicht zum Schlittenfahren ausreichen. Es ist schon erschreckend, dass wir in der Eifel fast sechs Monate Winter und nur die restliche Zeit Frühling bis Herbst haben. Wenn ich es mir wünschen könnte, würde ich mir ein halbes Jahr Sommer wünschen, weitere drei Monate Frühling und Herbst und maximal noch drei Monate Winter. Aber das Leben ist kein Wunschkonzert. Günter und ich träumen davon, als Rentner die Wintermonate im Süden zu verbringen. Noch sind das alles nur Träume und wer weiß, was bis dahin noch alles passiert. Aber gerade die Träume sind für uns Menschen wichtig. Sie schenken uns Hoffnung und ein gutes Gefühl. Gerade in den schlechten Zeiten halten sie uns über Wasser. Sie können uns Kraft geben, das Leben weiterzuleben.

Dienstag, 10. Februar 2009

Draußen herrscht ein Unwetter, es regnet, stürmt und schneit. Wie in dem bekannten Geburtstagslied »Heute kann es regnen, stürmen oder schnein« fühle ich mich gerade. Draußen ist es ungemütlich, aber im Haus lässt es sich gut aushalten. Ich fühle mich in meiner Haut ganz wohl. Zurzeit läuft alles in geordneten Bahnen, gesundheitlich geht es uns der Jahreszeit entsprechend: Halsschmerzen, geschwollene Drüsen und andere kleine Wehwehchen, aber nichts Dramatisches, womit wir zu kämpfen haben. Bei diesen Wetterverhältnissen bleibt einem ja nichts anderes übrig, als es sich drinnen gemütlich zu machen. Die Kinder laden ihre Spielkameraden ein und ich erledige die Hausarbeit, kümmere mich um Kinderangelegenheiten und male oder spiele Gitarre. Langeweile kommt so keine auf.

Heute Morgen war ich wieder im Fitness-Studio zum Training. Nachdem ich mit meiner Physiotherapeutin im Spacecurl trainiert habe, hätte ich mich duschen können, so nass war ich vom

Schwitzen. Früher habe ich fast nie geschwitzt. Doch seitdem ich die Psychopharmaka, das Trevilor und das Stangyl einnehme, ist es mir bei nur geringer Anstrengung schon zu warm. Wenn ich mich kaum bewege, friere ich aber auch sehr schnell. Ich komme mir so vor, wie manche Frauen von ihren Wechseljahrbeschwerden berichten: Hitzewallungen immer dann, wenn man sie gar nicht gebrauchen kann. Aber spätestens, wenn ich die Medikamente absetze, werden auch die Nebenwirkungen hoffentlich verschwinden. Aber es ist auch neben der Gewichtszunahme die einzige Nebenwirkung, die ich spüre. Ich bin froh, dass es solche Medikamente gibt, die es einem ermöglichen, am alltäglichen Leben wieder teilzunehmen. Dann kann man die Nebenwirkungen für einige Zeit in Kauf nehmen.

Mittwoch, 11. Februar 2009

Heute hat meine zweite Unterrichtswoche begonnen. Heute Morgen bin ich um sechs Uhr aufgestanden und habe geduscht, mich angezogen und den Frühstückstisch gedeckt. Anschließend habe ich die Kinder geweckt, Kleidung zum Anziehen herausgelegt und gemeinsam mit den Kindern gefrühstückt. Als Hannah busfertig war, bin ich gegen halb acht zur Schule gefahren. Die Oma hat die Kinder weiter versorgt. In der Schule angekommen, wurde ich von einigen Kindern erwartet, die mit mir zusammen das Schulgebäude betraten. Nach dem Kopieren diverser Arbeitsblätter und der Frühaufsicht begann um 08.05 Uhr der Unterricht. Um 13.25 Uhr habe ich die Kinder zum Schulbus gebracht und mich auf den Nachhauseweg gemacht. Da wir nur mit zwei Lehrern an der Schule unterrichten, übernehmen wir meistens gemeinsam die Pausenaufsicht, sodass der Vormittag nonstop abläuft. Als ich dann um 13.40 Uhr zu Hause ankam, war ich völlig platt. Meine Kinder empfingen mich freudig und jedes von ihnen hatte mir etwas Dringendes zu erzählen. Günter informierte mich auch noch über einige Neuigkeiten und fuhr kurz darauf wieder zu seiner Arbeit. Was er mir erzählt hat, könnte ich jetzt nicht mehr wiedergeben. Meine Aufnahmefähigkeit war bis zum Mittag ausgeschöpft. Ich finde es immer wieder erstaunlich, wie anstrengend ein Vormittag in der Schule ist. Jede Minute ist man als Lehrer in der Schule gefordert, da die Kinder immer etwas zu fragen oder zu erzählen haben. Strebt man einen ganzheitlichen Unterricht an, der die Kinder auf mehreren Ebenen fordert, ist man auch als Lehrer mehr gefordert. Vor allem in Religion und Musik kann man für die Kinder einen interessanten Unterricht gestalten. Da ich unter anderem diese Fächer unterrichte, bleibt es nicht aus, dass ich mittags völlig ausgepowert nach Hause komme. Anstatt Ruhe und Entspannung erwartet mich dann zu Hause wieder die Arbeit mit den Kindern und der Haushalt. Ich bin froh, dass ich nur Teilzeit arbeiten gehe, sodass ich mit meinen Kräften besser haushalten kann.

Freitag, 13. Februar 2009

Endlich Wochenende! Die Woche war ganz schön anstrengend. Da ich seit Anfang der Woche mit einer Erkältung zu kämpfen habe, bin ich in meinem Leistungsvermögen etwas beeinträchtigt. Ich bin froh, wenn ich mittags ein bisschen Ruhe bekomme, um mich zu erholen. Geschwollene Lymphknoten, Halsschmerzen, Husten und Schnupfen sind zu meinen ständigen Begleitern geworden. Ohrenschmerzen treten auch von Zeit zu Zeit auf. Aber am schlimmsten sind die Kopfschmerzen, die unter längerer Belastung, sprich Unterricht in der Schule, ziemlich heftig werden. Am Donnerstagmittag konnte ich meinen Kopf kaum noch bewegen, da mir jede Bewegung Schmerzen verursachte. Das ständige laute Sprechen, die permanente Konzentration auf die Kinder und dann zum Schluss noch eine Sportstunde mit Hüpfen, Laufen und Springen hat mir wohl den Rest gegeben. Mit einer Schmerztablette und einem Heizkissen habe ich mich ins Bett gelegt. Nach einer Dreiviertelstunde ging es mir, wie ein Wunder, wieder besser. Der Spannungskopfschmerz ließ nach, sodass ich wieder am Alltag teilnehmen konnte. Robin hatte noch Üben für Kinderkarneval und Hannah Elternsprechtag in der Schule. Nun bin ich froh, wenn etwas Ruhe einkehrt, obwohl morgen die Generalprobe für die Kindersitzung und am Sonntag dann Kinderkarneval in unserem Dorf stattfindet. In ein paar Tagen werde ich wohl wieder etwas mehr Power haben. Ich hoffe, dass meine Erkältung nicht im direkten Zusammenhang mit der Schule steht. Wenn das Unterrichten in der Schule mich schon so ausgepowert hat, dann steht mir ja noch etwas bevor. Aber ich glaube, dass ich eher den ganzen Krankheitserregern um mich herum zu stark ausgeliefert war und mein Körper sich irgendwann nicht mehr wehren konnte. Den Schulalltag finde ich zwar sehr anstrengend, aber es macht mir auch Spaß, die Kinder zu unterrichten. Von großem Vorteil ist, dass meine Mittwochsklasse sehr motiviert und leistungsstark ist. Auch die Schulklasse, die ich donnerstags habe, ist gut zu unterrichten. Es sind viele liebe und gut erzogene Kinder an unserer Schule. Dieses Phänomen trifft man leider nur noch vereinzelt an. In der Schule, die Hannah besucht, gibt es viele verhaltensauffällige Kinder. Diese Klassen sind viel schwieriger zu führen und zu unterrichten. Solange ich an meiner Schule unterrichten kann, darf ich mich über die Arbeit in der Schule nicht beklagen. Doch aufgrund der zurückgehenden Schülerzahlen ist zu erwarten, dass die kleineren Schulen früher oder später geschlossen werden. Aber bis dahin machen wir das Beste daraus.

Samstag, 14. Februar 2009

Da ich in der Nacht sehr unruhig geschlafen habe und mir der schwere Unfall eines Mannes aus dem Nachbardorf immer wieder durch den Kopf gegangen ist, war ich heute Morgen entsprechend müde. Bei der Generalprobe für den Kinderkarneval in unserem Dorf musste ich mich zwingen, meine Gedanken auf das Wesentliche zu konzentrieren. Zwischendurch kam mir der Gedanke, dass ich wieder an einer leichten Depression leiden könnte. Aber nach einem einstündigen Mittagsschläfchen ging es mir erheblich besser. Anschließend habe ich eine größere Wanderung durch den Schnee gemacht. Strammen Schrittes bin ich durch den zum Teil noch unberührten Schnee dahingeschritten und habe die warmen Sonnenstrahlen, die sich auf der glitzernden Schneedecke reflektierten, genossen. So ein Spaziergang macht den Kopf frei und bringt den Kreislauf wieder in Schwung. Danach fühlte ich mich wie neugeboren.

Montag, 16. Februar 2009

Gestern waren wir zum Kinderkarneval. Die Kinder haben sich riesig gefreut. Omas und Opas waren mit dabei, sodass die ganze

Familie vollständig war. Hannah hat bei einem Sketch und in der Showtanzgruppe mitgewirkt. Robin hat mit seiner Gruppe zu Hoppelhase Hans getanzt. Ich habe mich dieses Jahr ganz bewusst zurückgehalten, sodass wir nur unsere zwei Sketche mit den Kindern vorbereiten und betreuen mussten. Die Vorbereitungen waren auch nicht so aufwendig wie in den Jahren zuvor, sodass ich relativ gelassen an den Tag gehen konnte. Schon Wochen vorher habe ich die fünfzig Orden gebastelt, sodass ich nicht unter Zeitdruck geraten bin. Der Kinderkarneval ist ein Fest für die Kinder und sie haben sich prächtig amüsiert. Die Zankerei zwischendurch und das ständige Bedürfnis nach Limo, Chips, Eis oder Pommes hat mich schon genervt. Einmal im Jahr lässt sich das durchaus ertragen, aber dann muss auch Schluss sein. In diesem Jahr ist mir besonders die Cliquenwirtschaft unter den Erwachsenen aufgefallen. Da wir uns immer ziemlich neutral verhalten und uns nicht in eine Clique mit hineinziehen lassen wollen, muss man sich auf so einem Fest um Kontakt bemühen. Aber wenn man die Vor- und Nachteile einer Clique anzugehören gegeneinander abwägt, fühle ich mich erheblich wohler so, wie es jetzt ist. Ich habe überhaupt keine Lust, mich ständig in einer Clique zu bewegen und bei allen Festivitäten präsent sein zu müssen. Ich genieße die Freiheit, mir meine Gesprächspartner selbst aussuchen zu können. Diesem Gruppenzwang ausgesetzt zu sein widerstrebt mir innerlich. Aber scheinbar fühlen sich viele Leute ganz wohl in einer solchen Konstellation. Es bietet eine gewisse Sicherheit für die einzelnen Mitglieder. Da ich aber genügend Leute kenne und zu einigen einen engeren Kontakt halte, genügen mir diese Gespräche an solchen Festen.

Heute Morgen hatte ich ein längeres Gespräch mit meiner Nachbarin. Als ich Robin bei der Oma abgegeben hatte, habe ich bei ihr vorbeigeschaut. Dieser Kontakt ist ganz ungezwungen. Es vergehen häufig ein paar Wochen, bis wir wieder miteinander sprechen, aber es kann auch schon mal vorkommen, dass wir uns täglich, vor allem in den Sommermonaten, über den Weg laufen. Dann erzählen wir uns alle Neuheiten aus unserem Leben und jeder geht anschließend wieder seinen Weg. Der Kontakt ist sehr nett, aber unkompliziert und nicht erzwungen.

Dienstag, 17. Februar 2009

Mit meiner Entscheidung, an nur zwei Tagen zu arbeiten, bin ich überglücklich. So habe ich wenigstens noch ein bisschen Zeit für mich. Als ich vorhin vom Fitness-Studio nach Hause kam, habe ich mich so richtig auf den noch verbliebenen Vormittag gefreut. Ich habe mir ein Teilchen in der Bäckerei gekauft und sitze nun gemütlich mit einer Tasse grünem Tee und dem leckeren Teilchen vor dem Computer und schreibe meine Gedanken auf. Dabei geht es mir so richtig gut. Ich bin frei in meiner Entscheidung, wie ich mir den Vormittag gestalte, und habe niemanden im Rücken, der mich antreibt.

Gestern Nachmittag war ich wieder einmal zum »Einrenken«. Mittlerweile gehöre ich zur Stammkundschaft, da ich in regelmäßigen Abständen mit meinen Blockaden an der Wirbelsäule zum »Einrenken« dorthin gehe. Danach fühle ich mich viel befreiter und die Spannungen im Rücken lassen nach einigen Tagen deutlich nach. Doch leider hält das Ganze nicht lange vor. Aufgrund meiner Vorerkrankungen an der Wirbelsäule werde ich wohl mein Lebtag mit diesen Problemen zu kämpfen haben. Da ich an einer beidseitigen Hüftdysplasie leide, eine Skoliose im Brustwirbelsäulenbereich habe und ein Steilnacken auch noch dazukommt, brauche ich mich nicht zu wundern, wo meine Rückenprobleme herkommen. Obwohl in der Kindheit regelmäßig Gesundheitschecks vom Gesundheitsamt in den Schulen durchgeführt wurden, konnte man bei mir keine Auffälligkeiten feststellen. Als die Schmerzen dann später anfingen, kam eine Diagnose nach der anderen. Aber da das Wachstum bereits abgeschlossen war und die Skoliose vorlag, brachte auch eine Schuherhöhung keinen Vorteil. So muss ich mit meinen Problemen leben und das Beste daraus machen.

Donnerstag, 19. Februar 2009, Weiberdonnerstag

Ich saß heute Morgen im Computerraum, hatte alle Vorbereitungen für den Unterricht getroffen und noch etwa zehn Minuten Zeit, bis die Kinder zum Unterricht kamen. Verdrossen schaute ich nach draußen und konnte meinen Gedanken noch eine Weile nachhängen. Nach dem Frühstück hatten sich Hannah und Robin kostümiert und ich hatte sie entsprechend ihrer Verkleidung geschminkt. Besonders Hannah wartete schon seit einigen Tagen fieberhaft auf den heutigen Tag. Bei uns ist es Tradition, dass die Frauen aus dem Dorf, die sogenannten Möhnen, gemeinsam diesen Tag feiern und die Kinder vormittags in der Schule und im Kindergarten Fasching feiern und nachmittags durch das Dorf singen gehen. Sie bekommen dann Süßigkeiten von den Leuten. In den letzten sechs Jahren habe ich im Dorf mit den Frauen gefeiert. Da ich bereits im letzten Jahr so starken Schwindel hatte, ging es mir trotz der Mengen an Alkohol, die flossen, nicht besonders gut. So hatte ich abends neben dem Schwindel auch noch starke Spannungskopfschmerzen. Abgeschreckt von diesem Erlebnis habe ich mich für dieses Jahr abgemeldet und werde heute Abend mit einer Freundin in die Sauna gehen. Aber meine Gefühle sind bezüglich meiner Entscheidung zwiespältig. Ich habe weder Lust, mit den Frauen im Dorf zu feiern, noch auf das Alternativprogramm Sauna. Ein wenig Spaß mit ein paar guten Freunden wäre nicht verkehrt. Doch das hätte man frühzeitig planen müssen. Als ich heute Morgen dann mit meiner Kollegin darüber gesprochen habe, stellte sich heraus, dass es ihr ähnlich ging. Vielleicht schaffen wir es ja im nächsten Jahr, ein echtes Alternativprogramm auf die Beine zu stellen und ohne Zwang miteinander Spaß zu haben.

Freitag, 20. Februar 2009

Die vielen Therapiestunden, aber auch die ganzen Bücher mit den Themen: »Mehr Selbstvertrauen«, »Hilf dir selbst«, »Ich bin keine Supermama« und ähnliche Titel, die ich in den letzten Wochen und Monaten gelesen habe, stärken mein Selbstbewusstsein und geben mir mehr Selbstvertrauen. Zurzeit könnte ich mich in solche Ratgeber hineinknien. Sie tun mir so richtig gut. Ich fühle mich in Konfrontationen mit anderen Menschen selbstsicherer und wohler. Ich verschließe nicht mehr so häufig meine Augen vor unangenehmen Situationen. Ich habe gelernt häufiger Nein zu sagen und den von mir gewählten Weg zu gehen, auch wenn es mir manchmal noch schwer fällt und die Gefahr besteht, dass ich in alte Verhaltensmuster zurückfalle. Ich kann jedem Menschen, der wie ich zu angepasst war und es jedem recht machen wollte, nur empfehlen, eine Psychotherapie zu machen und/oder sich mit der genannten Literatur zu beschäftigen. Es ist zum einem sehr interessant und auch amüsant, diese Ratgeber zu lesen, und zum anderen findet man sich selbst in vielen Situationen wieder. Außerdem bleiben auch immer positive Ratschläge im Kopf hängen, die man vielleicht nach und nach in seinem Leben umsetzen kann.

Montag, 23. Februar 2009, Rosenmontag

Nun ist das ganze Faschingstreiben vorbei und die Kinder haben ihre Vorräte an Süßigkeiten wieder aufgefüllt. Bis Ostern werden die Vorräte wohl kaum geleert sein. Meistens essen sie die letzten Süßigkeiten noch im Sommer. Aber sie sind mächtig stolz auf ihr gesammeltes Werk und horten sie nun in Schüsseln auf dem Wohnzimmerteppich. Ich gönne ihnen die vielen Leckereien, aber nach ein paar Tagen werden sie außerhalb der Sichtweite der Kinder aufbewahrt, sodass sie nicht ständig Süßigkeiten in sich hineinstopfen. Zum einen leiden die Zähne unter dem hohen Zuckerkonsum und zum anderen werden insbesondere bei Robin unnötige Fettdepots aufgebaut.

Die Faschingstage sind ziemlich ruhig an uns vorbeigezogen. Am Sonntag und heute, am Rosenmontag, haben wir uns die Karnevalsumzüge in Uersfeld und Neunkirchen angesehen. Da es ziemlich kalt war und es zwischendurch immer wieder anfing zu regnen, haben wir uns nach dem Umzug direkt auf den Heimweg gemacht. Die kalten Hände und Füße wärmten wir uns am Kamin und machten es uns zu Hause gemütlich. Gestern waren wir noch zum 40. Geburtstag unserer Nachbarin und haben über dieses und jenes gefrotzelt. Es war ein ganz amüsanter und lustiger Nachmittag. Hoffentlich haben die Narren durch ihr närrisches Treiben den Winter ausgetrieben, sodass das Wetter in den nächsten Wochen frühlingshafter wird. Die Sehnsucht nach Frühling wird bei mir von Woche zu Woche immer stärker.

Mittwoch, 25. Februar 2009

Heute war ein anstrengender Tag. Vormittags habe ich in der Schule unterrichtet. Die Kinder waren ziemlich unruhig und hatten immer wieder Probleme, sich auf die Themen des Unterrichts zu konzentrieren. Die vergangenen Faschingstage haben sich da wohl eher negativ auf die Konzentration der Kinder ausgewirkt. Nachmittags ging es dann zu Hause weiter. Hannah bekam Besuch von einer Freundin und Robin spielte mit seinem Vetter. Da ich sowieso keine Ruhe für eine Auszeit fand, habe ich mich an den Aufbau der Holzliegen begeben. Draußen auf unserem Hof habe ich sie aufgebaut. Die Jungs sind mir fleißig zur Hand gegangen. Sie durften mit dem Akkuschrauber die Schrauben befestigen. Beim Aufbau der zweiten Holzliege verkrümelten sie sich dann, sodass ich in Ruhe meine Arbeit beenden konnte. Nun stehen die Liegen auf unserer überdachten Terrasse und ich hoffe auf einen milden und sonnigen Frühling. Sobald die Sonne scheint und angenehme Temperaturen herrschen, werde ich mir eine Decke schnappen und auf einer Liege relaxen. Wie ich mich schon darauf freue! Hoffentlich ist es bald so weit, dass wir uns im Freien aufhalten können, ohne zu erfrieren. Die Kinder haben einige Stunden des Nachmittags im Garten verbracht. Später haben sie noch mit ihren Fahrrädern die Umgebung unsicher gemacht.

Donnerstag, 26. Februar 2009

Für diese Woche hatte ich meinen letzten Arbeitstag in der Schule. Ich bin auch gar nicht böse, da es schon sehr anstrengend ist. Der erste Enthusiasmus ist vorbei, sodass auch im Beruf allmählich der Alltag eintritt. Mittags komme ich ausgepowert von der Schule nach Hause. Wenn dann nachmittags auch meine Kinder noch recht fordernd und laut sind, bin ich abends völlig platt. Zurzeit spielt Robin mit seinem Vetter in unserem Garten. Sie bauen Seilzüge für ihre schweren Sandeimer und haben sie an der Schaukel befestigt. Bis heute Abend werden die Werkzeuge, die sich in der Garage befinden, alle Verwendung gefunden haben und dann auf dem Rasen und im Spielhäuschen verteilt herumliegen. Aber lieber draußen ein bisschen Unordnung als im Haus Unordnung und vor allem lautes Geschrei. Ich genieße die momentane Ruhe hier im Haus. Aber sie ist bestimmt nicht von langer Dauer. Entweder kommen die Kinder klingeln und haben Hunger und Durst oder sie brauchen noch Werkzeuge aus dem Haus. Nägel bekommen sie immer nur fünf Stück, da sie ansonsten innerhalb kurzer Zeit auf unserem Rasen verteilt wären. Hannah habe ich zu einer Freundin ins Nachbardorf gefahren. Gegen Abend hole ich sie dort wieder ab.

Freitag, 27. Februar 2009

Gestern habe ich im Internet gesurft und mich über die Bedingungen zur Versendung eines Manuskriptes bei den einzelnen Buchverlagen informiert. Dabei wurde mir wieder bewusst, wie schwierig es doch ist, ein eigenes Buch zu verlegen. Ich habe stundenlang im Internet gesurft und mir die Informationen zur Einsendung von Manuskripten durchgelesen. Anschließend rauschte mir mein Kopf und ich hatte trotzdem das Gefühl, nicht genügend Informationen gesammelt zu haben. Ich musste mich zwingen, den Computer auszuschalten und mich privaten Dingen zuzuwenden. Die Kinder mussten ins Bett gebracht werden und für mich war es auch an der Zeit, für diesen Tag die Arbeit zu beenden. Ich habe mich ins Bett gelegt und einen Roman gelesen. Es war ein arbeitsreicher, aber ausgefüllter Tag. Am Abend war ich sehr zufrieden mit meinem Ergebnis.

Der heutige Vormittag war ausgefüllt mit einer Sitzung bei der Psychotherapeutin, einer Behandlung beim Physiotherapeuten, Training im Fitness-Studio und einem Einkauf beim Aldi. Zudem hatte Robin wieder einen Termin bei der Logopädie. Nach dem Mittagessen musste ich mich zunächst einmal ins Bett legen und mir eine Auszeit gönnen. Jetzt sitze ich am Computer und gehe meiner Lieblingstätigkeit nach: Schreiben. Auch wenn mein Manuskript nicht veröffentlicht werden sollte, werde ich trotzdem meine Tagebuchaufzeichnungen fortführen. Ich spüre täglich den Gewinn dieser Tätigkeit; es bereitet mir eine große Zufriedenheit und schenkt mir ein inneres Gleichgewicht. Nach dem Schreiben habe ich meistens meine Gedanken im Kopf sortiert und ein eventuell vorher bestehendes Chaos ist aufgeräumt. Wenn das Schreiben alleine nicht ausreicht, versuche ich mir eine Auszeit von meiner Familie zu nehmen und unternehme einen langen Spaziergang. Um einen Rückfall meiner Erkrankung zu vermeiden, versuche ich nun diesen Weg zu gehen. Ich bin zuversichtlich, dass ich in Zukunft die Warnsignale meines Körpers nicht übersehen und auf meine körperlichen Symptome achten werde. Ich habe in der langen Krankheitsphase gelernt, mit meinem Körper und mit mir selbst achtsamer umzugehen. Falls ich noch einmal an einer Depression erkranken sollte, weiß ich jetzt, welche therapeutischen Wege und medikamentösen Behandlungen es gibt. Es ist zwar ein langer und anstrengender Heilungsprozess, aber es gibt eine Hoffnung auf Gesundung. Mit diesen hoffnungsvollen Gedanken möchte ich meine Aufzeichnungen für mein Buch abschließen. Ich wünsche allen Menschen, die von einer Depression oder von einer ähnlichen Erkrankung betroffen sind, vor allem Mut, sich ihrer Erkrankung zu stellen, und Kraft, einen neuen Weg in ihrem Leben zu finden und ihn zu gehen. Mein Weg aus der Depression hat gezeigt, dass es Hoffnung auf Heilung gibt. Ich danke allen Ärzten, Psychotherapeuten, Physiotherapeuten und meinen Freunden und Bekannten, die mich auf meinem Weg durch und aus der Erkrankung begleitet und mir zugehört und Mut zugesprochen haben. Ohne all diese menschliche Hilfe wüsste ich nicht, wo ich mich heute befinden würde. Ein ganz besonderer Dank gilt meinem lieben Mann, der mir immer zur Seite stand und wohl am meisten mit mir gelitten hat. Auch danke ich meinen Kindern, die mit ihrem kindlichen Gespür für mich da waren.

Nachwort

Leider wird in unserer Gesellschaft eine körperliche Erkrankung eher akzeptiert als eine seelische. Jedoch sind Depressionen ein Symptom unserer Zeit und mit ihrer zunehmenden Häufigkeit kann die berechtigte Frage gestellt werden, ob unsere Gesellschaft selbst krank ist. Die Depression erscheint als eine durchaus angemessene Reaktion auf eine Welt, in der es kaum noch eine andere Möglichkeit als den inneren Rückzug gibt. Der Rückzug in die Depression wird erst dann unumgänglich, wenn die eigenen Werte verloren gegangen sind und eine innere Orientierung am Selbstwert nicht mehr möglich ist.
Tiefenpsychologische und psychoanalytische Erklärungsansätze sehen die Ursache der Depression im Unbewussten. Die Depression als Schutzmechanismus greift aus dem Unterbewusstsein heraus in ein Leben, in dem der Betroffene über seine eigenen Bedürfnisse hinweggeht und so seine Gesundheit aufs Spiel setzt. Das Unbewusste greift da ein, wo wir fern von der Wirklichkeit Dingen nachlaufen, die durch ihre Unerreichbarkeit unsere ganze Energie aufbrauchen und so unsere Gesundheit gefährden. So kann man die Depression als einen Weg ansehen, den das Unbewusste wählt, um einer sinnlosen Vergeudung von Lebenskraft und -zeit ein Ende zu setzen (vgl. Wyeth: Depressionen verstehen – bei ihrer Bewältigung helfen, Münster 2007).

In der Regel ist die Depression kein chronisches Leiden, sondern für viele Betroffene eine einmalige Erkrankungsphase. Eine Prophylaxe ist aufgrund der Verkettung unterschiedlicher Auslösefaktoren nicht möglich, weil sich das Zusammenspiel von Veranlagung sowie Umwelteinflüssen nicht kontrollieren lässt.

Jedoch ist die Vorbeugung eines Rückfalls schon möglich. Um ein erneutes Auftreten zu verhindern, ist es wichtig, durch veränderte Lebensführung nicht erneut in die sogenannte »depressive Spirale« zu geraten. Durch Erfahrungen aus der Psychotherapie weiß der Betroffene, was er als entlastend und positiv empfindet (vgl. Trierischer Volksfreund, Ausgabe 28.11.2008, Trier 2008).

Als im Januar letzten Jahres mein Schwindel begann, wusste ich noch nicht, welchen langen und schmerzlichen Krankheitsweg ich vor mir haben würde. Seitdem sind über fünfzehn Monate vergangen und ich kann nur sagen, dass es ein sehr anstrengender, aber auch gewinnbringender Lebensweg für mich war. In dieser Zeit bin ich endgültig aus meinen Kleinmädchenträumen erwacht und habe mich selbst besser kennen und achten gelernt. Diese Monate haben mich neu geprägt und ich bin vor allem an den schmerzlichen Erfahrungen gereift. Ich bin endlich erwachsen geworden und habe gleichzeitig das Kindsein neu in mir entdeckt.

Der neue Weg, den ich nun eingeschlagen habe, überdenke ich nach wie vor jeden Tag aufs Neue. Jede Entscheidung, die ich treffe, hinterfrage ich und wäge sie nach der Anzahl der Vor- und Nachteile ab. Ich versuche mich gelassener den alten, aber auch neuen Situationen zu stellen. Jedoch ertappe ich mich immer wieder dabei, dass ich neben mir stehe und mich von außen beobachte. Mein Verhältnis zu Bekannten und Freunden habe ich neu in die Waagschale gelegt und auf ihre Bedeutung hinterfragt. Bekanntschaften, die nur oberflächlich waren und in die ich zu viel Energie investiert hatte, korrigierte ich in ihrer Bedeutung für mein Wohlergehen und widmete mich ihnen sowohl gedanklich als auch zeitlich in einem geringeren Umfang. Ich bemühe mich weiterhin meine guten Freundschaften zu pflegen. Ich bin dankbar für all die lieben Menschen, die sich während meiner Erkrankung um mich bemüht haben.

Mittlerweile investiere ich viel mehr Zeit für mein Wohlbefinden. Ich genieße die stundenlangen Spaziergänge, die ich alleine unternehme. Die Zeit, die ich mit mir alleine verbringe, sind wie Geschenke an mich selbst. Es ist eine Wohltat, in die Ruhe einzutauchen und den vielen Gedanken, die sich in meinem Kopf gesammelt haben, freien Lauf zu lassen. Anschließend fühlt sich mein Kopf meistens wieder freier an. Dann habe ich auch wieder die Kraft und die Muße, mich den Bedürfnissen meiner Familie zu widmen. Ich habe erkannt, dass ich eine tägliche Auszeit brauche, um Kraft zu schöpfen und aufzutanken.

Auf meinem Weg aus der Depression habe ich viele neue Wege eingeschlagen. Vor allem habe ich mich wieder selbst gefunden und gelernt meine eigenen Bedürfnisse wahrzunehmen und mein Leben nach ihnen auszurichten. Ich hatte mich selbst ganz aus dem Blick verloren und hätte ohne ärztliche Hilfe keinen Ausweg aus diesem schwarzen Tunnel gefunden. Sowohl die Ärzte und Psychotherapeuten als auch die Medikamente haben mir aus dieser Sackgasse herausgeholfen und einen neuen Weg aufgezeigt. Der Klinikaufenthalt hat das Fundament für den Weg zurück in mein Leben gebildet. Die Zeit in der Klinik gab mir die Möglichkeit, alte Interessen wieder neu zu entdecken. Im letzten Jahr habe ich über zehn Acrylbilder gemalt. Während der Malerei habe ich meine innere Ruhe wiedergefunden und aufkommende Müdigkeit von mir abgestreift. Endlich fand ich auch wieder Zeit und Muße, Gitarre zu spielen. Heute setze ich sie regelmäßig im

Unterricht ein. Auch zu Hause spiele ich mehrmals in der Woche. Aber die größte Veränderung in meinem Leben ist das Schreiben. Seit meiner Kindheit führe ich, von kurzen Unterbrechungen abgesehen, durchgängig Tagebuch. Doch besonders seit meiner Erkrankung schreibe ich fast täglich meine Gedanken und Gefühle auf. Das Tagebuch ist für mich zu einem Zuhörer geworden, der immer für mich da ist. Hier finde ich Antworten auf viele wichtige Fragen in meinem Leben. Das Schreiben hat mir über die bisher schwerste Krise meines Lebens hinweggeholfen und ist mir eine große Hilfe geworden, um mein Leben hier und jetzt zu meistern. Ohne die vielen Stunden mit meinen Eintragungen in mein Tagebuch und später in den Computer stände ich heute noch lange nicht da, wo ich mich jetzt befinde. Auch die Überarbeitung der Tagebucheintragungen haben mir sehr weitergeholfen. Zudem hat sich ein großer Traum in meinem Kopf manifestiert: ein eigenes Buch zu veröffentlichen und meine vielen Gedanken und Gefühle der Öffentlichkeit mitzuteilen. Ich möchte all den Menschen Mut machen, die sich in einer ähnlichen Lage wie ich befinden und zurzeit keinen Ausweg finden. Mein Weg aus der Depression zeigt, dass diese schwere Erkrankung geheilt werden kann. Zudem soll das Buch die Leser für psychische Erkrankungen öffnen. Nicht das Totschweigen dieser Krankheiten, sondern das Annehmen hilft den Betroffenen, einen Weg zurück in ihr Leben zu finden. Erst wenn ich meine Krankheit erkenne und sie akzeptiere, kann sich mir ein Heilungsweg eröffnen. Auf diesem Weg brauchen wir viele Menschen, die mit uns Gespräche führen, die offen sind für psychische Erkrankungen und uns so annehmen, wie wir sind. Psychische Erkrankungen dürfen in unserer Gesellschaft kein Tabuthema mehr sein. Sie müssen als eine »normale« Erkrankung gesehen und angenommen werden.

Die von mir niedergeschriebenen Worte und Gedanken entsprechen der Wahrheit. Die Tagebucheintragungen sind authentisch und zu dem Zeitpunkt entstanden, als sie passiert sind. Alle Personen, die ich in meinem Buch benannt habe, existieren in meinem Leben. Um diese Personen zu schützen, habe ich nur meinen Mann Günter und unsere Kinder Hannah und Robin mit ihren tatsächlichen Namen benannt. Alle anderen Namen sind geändert. Die Gespräche, die ich wiedergegeben habe, basieren auf meinen Erinnerungen. Sie sind subjektiv geprägt und geben nur einen kleinen Ausschnitt der von mir geführten Gespräche wieder.

Nützliche Tipps im Umgang mit einer Depression

Ich habe hier einige Informationen aufgelistet, mit denen ich im Laufe des Jahres konfrontiert worden bin. Durch die Beschäftigung mit der Literatur zu diesem Thema, aber insbesondere durch das Sammeln von eigenen Erfahrungen im Umgang mit meiner Depression, kann ich diese Tipps zusammenstellen.

1. Behandlung des eigenen Körpers

- abgewandelte Kneipp-Methoden anwenden, zum Beispiel barfuß auf Feldwegen wandern, mehrere Minuten in einem Bach herumlaufen, zwei- bis dreimal täglich die Arme in kaltes Wasser tauchen oder täglich ein Kaltbad nehmen
- Bewegungstherapie: täglich körperliche Bewegung oder eine sportliche Betätigung, zum Beispiel Schwimmen, Laufen, Radfahren, Wandern, Walken und Training im Fitness-Studio

- Zeit für Ruhe, Erholungspausen und täglich einige Zeit der Besinnung
- ausreichend Schlaf
- gesunde Diätkost (ausreichend Obst, Gemüse, Getreideprodukte und Vollwertkost)
- Düfte
- täglich Musik hören

2. Stress bewältigen lernen / Entspannung

- Zunächst stellt sich die Frage, was Stress eigentlich bedeutet. Stress ist die Sorge bzw. Reaktion auf eine bestimmte Situation, einen Umstand oder ein Ereignis, das einen Menschen ernsthaft beschäftigt oder beunruhigt. Indem man sich zuerst alle Stressfaktoren aufschreibt, kann man sich in einem zweiten Schritt Lösungsmöglichkeiten überlegen, diese zu Papier bringen und im Alltag ggf. umsetzen.

- Entspannungsübungen: tägliche Übungen durchführen, damit man in Stress-Situationen die Kunst des Entspannens anwenden kann, zum Beispiel: progressive Muskelrelaxation nach Jacobson (ein Muskelentspannungstraining), Yoga, autogenes Training nach Schulz, Tiefenentspannung nach Erickson, Qigong und Massagen

3. Kreative Therapie

- Maltherapie, um das akute Empfinden auszudrücken und Entwicklungen, Veränderungen und Probleme sichtbar zu machen
- Musiktherapie, um durch Töne und Geräusche die eigene Befindlichkeit hörbar zu machen

4. Balanceakt herstellen

An dieser Stelle möchte ich auf das Life-Balance-Modell von Dr. Peseschkian (in: Positive Familientherapie, 1999) hinweisen. Die mich in der Klinik behandelnde Psychotherapeutin verdeutlichte mir anhand des Modells mein momentanes Ungleichgewicht in der Verteilung meiner Kräfte. Das Modell ist in folgende vier Lebensbereiche, die in einem Gleichgewicht zueinander stehen, untergliedert:

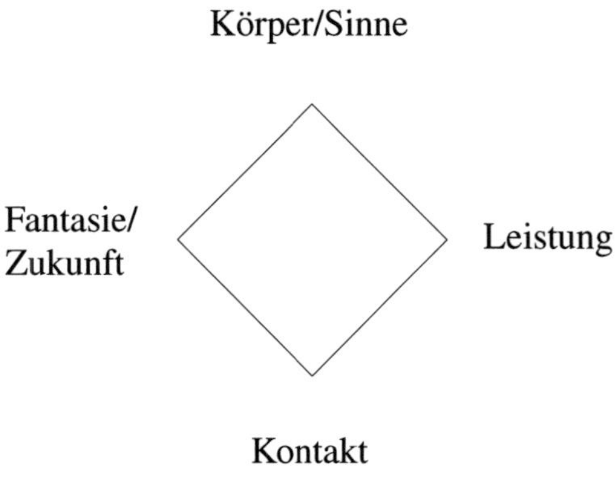

Die Psychotherapeutin ergänzte die einzelnen Lebensbereiche inhaltlich, um eine bessere Identifikation zu ermöglichen. Der

Bereich Körper/Sinne beinhaltet Bewegung, Schlaf, Ernährung, Sexualität und Körperpflege. Zum Leistungsbereich zählen Beruf, Haushalt, Erziehung und PC-Arbeit. Der Bereich Kontakte bezieht sich auf Verwandte, Freunde, Bekannte und Selbsthilfe. Der Fantasiebereich untergliedert sich in Hobby, Religion, Interessen und Ehrenamt.

Nach Dr. Peseschkian ist eine anhaltende körperliche und geistige Gesundheit auf Dauer nur durch ein Gleichgewicht in den vier Lebensbereichen zu erreichen. Die eingeteilte Energie sollte zu je 25 Prozent verteilt sein, wobei der zeitliche Faktor variieren kann. Gerät dieses »Viergespann« in der Lebenspraxis über längere Zeit aus dem Gleichgewicht, können körperliche Erkrankungen, Ängste, Depressionen, Beziehungsprobleme und Zukunftsängste die Folge sein.

Da der Leistungsbereich bei mir zu sehr im Vordergrund stand und ich sowohl den Zukunftsbereich als auch den körperlichen Bereich vernachlässigt habe, kam es zu einem Ungleichgewicht. Als dieses Ungleichgewicht über einen längeren Zeitraum anhielt, brach bei mir die Depression aus.

Der Betroffene kann sein Leben mithilfe dieser Veranschaulichung überdenken und bei einem Ungleichgewicht gegebenenfalls korrigieren. Es ist wichtig, dass wieder ein Balanceakt hergestellt wird.